MANUAL OF LEGAL CITATION

法学引注手册

第二版

法学引注手册编写组 编

北京大学出版社
PEKING UNIVERSITY PRESS

本手册由下列单位共同制定
中国法学会法学期刊研究会推荐使用

《中国法学》　　　　　　《法学》
《中外法学》　　　　　　《法学家》
《中国法律评论》　　　　《法学研究》
《中国应用法学》　　　　《法学评论》
《中国刑事法杂志》　　　《法学杂志》
《东方法学》　　　　　　《法律科学》
《比较法研究》　　　　　《法律适用》
《北大法律评论》　　　　《法商研究》
《华东政法大学学报》　　《法制与社会发展》
《行政法学研究》　　　　《国家检察官学院学报》
《交大法学》　　　　　　《环球法律评论》
《当代法学》　　　　　　《政法论坛》
《财经法学》　　　　　　《政治与法律》
《现代法学》　　　　　　《清华法学》

人民法院出版社　　　　　中国政法大学出版社
中国法治出版社　　　　　北京大学出版社
中国检察出版社　　　　　法律出版社
中国民主法制出版社　　　知识产权出版社
中国人民大学出版社　　　清华大学出版社

中国知网　　　　　　　　北大法宝

示 例

(一)引用图书的基本格式(详见第25—49条)

〔1〕王名扬:《美国行政法》,中国法制出版社1995年版,第18页。

〔2〕张新宝:《侵权责任法》(第5版),中国人民大学出版社2020年版,第73—75页。

〔3〕高鸿钧、程汉大主编:《英美法原论》,北京大学出版社2013年版,第二章"英美判例法"。

〔4〕[美]富勒:《法律的道德性》,郑戈译,商务印书馆2005年版。

(二)引用已发表文章的基本格式(详见第25—49条)

〔5〕季卫东:《法律程序的意义——对中国法制建设的另一种思考》,载《中国社会科学》1993年第1期,第91页。

〔6〕王保树:《股份有限公司机关构造中的董事和董事会》,载梁慧星主编:《民商法论丛》第1卷,法律出版社1994

年版,第110页。

〔7〕[德]莱纳·沃尔夫:《风险法的风险》,陈霄译,载刘刚编译:《风险规制:德国的理论与实践》,法律出版社2012年版。

〔8〕何海波:《判决书上网》,载《法制日报》2000年5月21日,第2版。

(三)引用古籍文献的基本格式(详见第31、34、46条)

〔9〕《论语·述而》。

〔10〕(宋)王溥:《唐会要》,卷三十九《定格令》,上海古籍出版社2006年版,第825页。

〔11〕(清)沈家本:《历代刑法考》,邓经元、骈宇骞点校,中华书局1985年版。

(四)引用网络文献的基本格式(详见第50—56条)

〔12〕梁秋坪、郝萍:《全国打击治理农村赌博工作现场会召开》,载人民网2024年10月12日,http://society.people.com.cn/n1/2024/1012/c1008-40337761.html。

〔13〕刘松山:《失信惩戒立法的三大问题》,载微信公众号"中国法律评论"2019年11月19日。

〔14〕法国最高行政法院网站,https://conseil-etat.fr/zh,2024年10月8日访问。

（五）引用会议论文、学位论文的基本格式（详见第63、64条）

［15］习超：《证券监管有偏私吗?》，清华大学法学院、社会科学学院、数据科学研究院"迈向数据法学"研讨会会议论文，2017年12月23日于北京。

［16］李松锋：《游走在上帝与凯撒之间——美国宪法第一修正案中的政教关系研究》，中国政法大学2013年博士学位论文，第30页。

（六）引用法律文件、官方文件的基本格式（详见第66-80条）

［17］《民法典》第1224条第1款第2项。

［18］《国务院关于在全国建立农村最低生活保障制度的通知》（国发〔2007〕19号），第四节。

［19］《中共中央关于全面推进依法治国若干重大问题的决定》，2014年10月23日中国共产党第十八届中央委员会第四次全体会议通过。

［20］李克强：《政府工作报告》，2023年3月5日在第十四届全国人民代表大会第一次会议上。

（七）引用司法案例的基本格式（详见第87—91条）

［21］包郑照等诉苍南县人民政府强制拆除房屋案，浙江省高级人民法院(1988)浙法民上字7号民事判决书。

〔22〕陆红霞诉南通市发展和改革委员会政府信息公开答复案,载《最高人民法院公报》2015年第11期。

〔23〕车某玲诉朱某芳相邻关系纠纷案,人民法院案例库2024-18-2-053-001。

(八)引用英文文献的基本格式(详见第102—107、114条)

〔24〕Charles A. Reich, *The New Property*, 73 Yale Law Journal 733, 737-738 (1964).

〔25〕Louis D. Brandeis, *What Publicity Can Do*, Harper's Weekly, 20 December 1913, p. 10.

〔26〕William P. Alford, *To Steal a Book Is an Elegant Offense: Intellectual Property Law in Chinese Civilization*, Stanford University Press, 1995, p. 98-99.

〔27〕Chevron U.S.A., Inc. *v.* Natural Resources Defense Council, Inc., 467 U.S. 837 (1984).

(九)引用其他语种文献的基本格式(详见各语种相关条目)

法文图书

〔28〕Jacques Chevallier, *L'État de droit*, 4ᵉ éd., Montchrestien, 2003, p. 16-29.

德文图书

〔29〕Claus Roxin, Strafrecht Allgemeiner Teil, Band I, 4. Aufl., C.H.Beck, 2006, § 15 Rn. 19.

意大利文图书

〔30〕Angelo Falzea, *L'offerta reale e la liberazione coattiva del debitore*, Giuffrè, 1947, p. 34 s.

俄文图书

〔31〕Елена А. Дубовицкая. *Европейское корпоративное право*. Вольтерс Клювер Россия, 2008. с. 6.

日文图书

〔32〕我妻荣『新訂担保物権法（民法講義Ⅲ）』（有斐閣,1971年）50頁。

再版序言

完善统一的引注体例是一个学科健康发展的要求。在中国法学会法学期刊研究会的指导下,多家法学期刊、出版社和数据库共同制定了《法学引注手册》。手册于2020年出版后,受到广大作者、编者和读者的欢迎。众多法学期刊和出版社声明采用该手册确定的体例,或者参考该手册重新发布引注格式,初步实现了中文法学引注"书同文、注同例"的设想。

为进一步完善引注体例,手册作了全面修订。修订版改进了文字表述,调整了个别引注格式,充实了规范内容,增加了意大利文和俄文的引注体例。修订工作特别强调学术的规范性,开篇即阐明法学引注的三条原则,即,使用引注应当必要和适度,文献来源应当真实、相关、权威,引注信息应当准确、完整、简洁。修订工作广泛参考外文引注体例,但坚持中文的主体性,遵循中文语法规则和阅读习惯;即使是外文文献的引注体例,也在尊重不同语种引注习惯的同时，根据我国读者的情况作了一些调整。修订工作还提升了手册的实用性，针对各种现实问题，努力寻求最大共识，篇幅基本繁简适中，编排力求方便查阅。修订后的手册，更加符合规范和统一法学引注体例的目标，更加凸显中国法学知识体系自主性和开放性的特点，更加适应当代中国法学写作和出版的需要，是一份更加完善的引注体例。

《法学引注手册》的编写和修订得到多方面的支持。何海波教授牵头的修订小组付出了大量辛劳，多家期刊、出版社和多位学界同仁提出了众多宝贵意见，中国法学会法学期刊研究会年会专题讨论了修订草案，手册的出版机构在编校和印制上也下了精细的功夫。这些努力共同成就了这项看似琐细却意义非凡的学术公益事业。法学期刊研究会和我本人由衷感谢各方贡献，并向学界大力推荐这一共同成果。

中国法学会法学期刊研究会会长

2025 年 8 月 12 日

初版前言

规范的引注是一个学科成熟的标志。我国法学研究人员众多，出版兴旺。但是，长期以来，引注体例既不完善也不统一。现有的几个推荐性标准比较简略，对许多问题都没有说法，相互之间也不一致；法学期刊和出版社基本上各搞一套，以致作者投稿，换一家单位就改一种引注体例。引注体例虽然不是学术研究中的大事，却耗费了作者和编者太多的精力。

有感于此，多家法学期刊、出版社和法律数据库联合制定了这份引注手册。起草小组曾在清华大学法学院开过两次会议，并在今年举行的法学期刊研究会年会上作了报告。联合制定、相约使用一份引注手册的设想得到了热烈的响应。编写组广泛吸取各方意见，最终形成目前的手册。

与现有的引注体例相比，这份手册具有明显优点。第一，内容翔实。手册对什么地方该引、什么文献该引、引用格式如何，提出了一般性的要求；对于常见文献包括法律文件、司法案例、网络文章的引用，作了比较具体的规定；对于英、法、德、日四种主要外文文献的引用，也有相当篇幅的规定。第二，考虑周全。引注体例的具体问题，有的本来就是见仁见智，这也导致出版单位各行其是。编写组本着遵守法律、遵循惯例、尊重作者和编者的方针，能够统一的尽量予以统一，同时也考虑作者和出版单位的不同需要，使其具有包容性和延展性。第三，查阅方便。手册正文以条为基本顺序，辅以节和项，前有示例、目录，后有编写说明。可以说，这是迄今为止中文法学领域一份比较完善的引注体例。为此，中国法学会法学期刊研究会予以大力推荐。

我们希望，这份手册能够给法学论文和书籍的写作者、出版者带来便利。欢迎更多的法学教育机构、研究机构和出版机构采用这份体例。也希望这份手册能够不断修改完善，成为中国法学引注的标准蓝皮书。

张新宝

中国法学杂志社总编辑
中国法学会法学期刊研究会会长
2019 年 10 月 25 日

目　次

一、引注的一般规范 / 001

（一）引注的基本原则 / 001
1. 使用引注应当必要和适度 / 001
2. 文献来源应当真实、相关、权威 / 001
3. 引注信息应当准确、完整、简洁 / 002

（二）引注的基本体例 / 003
4. 引注的一般方式 / 003
5. 原文引用与概括引用 / 003
6. 引文内容的编排处理 / 004
7. 引注符号的位置 / 005
8. 引领词的用法 / 006
9. 引用编辑作品的篇章 / 007
10. 多条文献的排列 / 008
11. 对所引文献的说明 / 009

12. 同一文献多个来源的处理 / 011

13. 再次引用同一文献 / 011

14. 文中夹注 / 013

15. 图表说明 / 015

(三) 引注的相关事项 / 015

16. 论文标题 / 015

17. 论文摘要 / 016

18. 关键词 / 016

19. 作者介绍 / 017

20. 项目说明 / 018

21. 作者致谢 / 018

22. 参考文献 / 018

23. 资料索引 / 018

24. 标点符号 / 019

二、中文引注体例 / 020

(一) 引用纸质出版文献 / 020

25. 引用纸质出版文献的一般格式 / 020

26. 文献信息的依据 / 021

A. 文献作者 / 022

27. 原创作品的作者 / 022

28. 编辑作品的编者 / 023

29. 翻译作品的译者 / 023

30. 口述、访谈作品的整理者 / 024

31. 勘校作品的校对者 / 024

B. 作者信息 / 024

32. 作者信息的一般写法 / 024

33. 外籍作者的信息 / 025

34. 古籍作者的信息 / 027

35. 合作作品的作者信息 / 027

36. 作者信息的省略 / 028

C. 文献名称 / 029

37. 文献名称的一般写法 / 029

38. 报纸文章的标题 / 030

39. 图书的名称 / 031

40. 图书的版本 / 033

D. 出版信息 / 034

41. 图书的出版信息 / 034

42. 文集的出版信息 / 034

43. 学术期刊的出版信息 / 035

44. 集刊的出版信息 / 035

45. 报纸杂志的出版信息 / 036

46. 古籍的出版信息 / 036

47. 台湾地区文献的出版信息 / 037

E. 页码和章节 / 038

48. 页码 / 038

49. 章节 / 039

(二) 引用网络电子文献 / 040

50. 引用网络电子文献的原则 / 040

51. 引用网络文献的基本格式 / 041

52. 网络文献的作者 / 041

53. 网络文献的上传日期 / 041

54. 网络文献的访问日期 / 042

55. 网络文献的链接 / 043

56. 博客、微博、微信公众号和 App / 043

57. 广播电视节目 / 045

58. 音像制品 / 045

(三) 引用未发表文献 / 045

59. 引用未发表文献的原则 / 045

60. 访谈 / 045

61. 私人通讯 / 046

62. 内部资料 / 046

63. 会议论文 / 047

64. 学位论文 / 048

65. 档案文献 / 048

（四）引用法律文件 / 048

66. 引用法律文件的一般规范 / 048

A. 法律法规规章 / 049

67. 法律法规规章的名称 / 049

68. 法律法规规章的制定机关 / 050

69. 法律法规规章的版本 / 051

70. 法律法规规章的条款序数 / 052

71. 法律法规规章条文的排版 / 053

B. 规范性文件 / 054

72. 引用规范性文件的一般格式 / 054

73. 规范性文件的制定机关 / 054

74. 规范性文件的文号 / 055

75. 规范性文件的分节 / 056

76. 规范性文件的出处 / 057

C. 其他官方文件 / 058

77. 国家标准 / 058

78. 会议决议 / 058

79. 会议报告 / 059

80. 白皮书 / 060

D. 港澳台法律文件 / 061

81. 香港法律文件 / 061

82. 澳门法律文件 / 061

83. 台湾地区的法律文件 / 062

E. 外国和国际法律文件 / 062

84. 外国法律 / 062

85. 国际公约 / 063

86. 联合国文件 / 064

（五）引用司法案例 / 065

87. 引用司法案例的一般规范 / 065

88. 案例名称 / 065

89. 案号 / 067

90. 案例来源 / 068

91. 裁判时间 / 069

（六）引用统计数据 / 070

92. 应当标明出处的统计数据 / 070

93. 引用统计数据的要求 / 071

94. 统计数据的图表呈现 / 071

三、外文引注体例 / 073

(一) 引用外文文献的一般规范 / 073

95. 引用外文文献的原则 / 073

96. 外文文献中的人名 / 074

97. 外文文献的缩写 / 075

98. 外文文献的翻译 / 075

(二) 英文引注体例 / 076

99. 英文文献的引领词 / 076

100. 引用英文网络文献 / 076

101. 再次引用英文文献 / 077

A. 英文著作 / 078

102. 英文著作的作者 / 078

103. 英文著作的标题 / 080

104. 图书版本和出版信息 / 080

105. 学术期刊的卷次 / 081

106. 报纸杂志的日期 / 081

107. 英文著作的页码 / 082

B. 英文法律 / 083

108. 英国法律 / 083

109. 美国法律 / 084

110. 欧盟法律 / 085

111. 联合国文件 / 086

C. 英文案例 / 086

112. 英文案例的一般格式 / 086

113. 英国法院案例汇编 / 087

114. 美国法院案例 / 089

115. 国际法院（仲裁机构）案例 / 090

（三）法文引注体例 / 092

116. 法文图书 / 092

117. 法文论文 / 093

118. 法文未发表文献 / 094

119. 法国法律 / 095

120. 法国法院案例 / 097

121. 法文网络文献 / 098

122. 再次引用法文文献 / 099

（四）德文引注体例 / 100

123. 德文图书 / 100

124. 德文报刊 / 102

125. 德国法律 / 103

126. 德国法院案例 / 104

127. 德文文献的引领词 / 105

128. 再次引用德文文献 / 105

（五）意大利文引注体例 / 106

129. 意大利文图书 / 106

130. 意大利文报刊 / 109

131. 意大利法律 / 109

132. 意大利法院案例 / 110

133. 罗马法文献 / 110

134. 再次引用意大利文文献 / 111

（六）俄文引注体例 / 111

135. 俄文图书 / 111

136. 俄文学术期刊 / 113

137. 俄文集刊 / 114

138. 俄文报刊 / 114

139. 俄罗斯法律 / 115

140. 俄罗斯法院案例 / 116

141. 俄文网络文献 / 116

142. 再次引用俄文文献 / 117

（七）日文引注体例 / 117

143. 日文图书 / 118

144. 日文报刊 / 118

145. 日本法律 / 119

146. 日本法院案例 / 120
147. 日本官方文件 / 120
148. 日文网络文献 / 120
149. 日文文献的引领词 / 121
150. 再次引用日文文献 / 121

《法学引注手册》编写说明 / 123
一、编写引注手册的目标 / 123
二、引注手册的编写过程 / 127
三、引注手册的基本内容 / 131
四、引注手册的编写方针 / 133
五、引注信息的编排原则 / 138
六、几个事项的特别说明 / 143

《法学引注手册》修订说明 / 149
一、修订缘起和过程 / 149
二、修订指导思想 / 152
三、主要修订内容 / 155

一、引注的一般规范

(一)引注的基本原则

1. 使用引注应当必要和适度

学术写作应当尊重前人智力成果,方便读者查核验证资料。凡是涉及学术观点、法律文件、事件、案例、统计数据等,需要交代出处而又不便在正文中叙明的,应当予以注明。

注意保持正文流畅,避免过度引注。业内周知的知识无须引注,平常的意思无须引用他人的话。节制使用原文引用;除非必要,不大段引用原文或者频繁引用原文。尽量避免一句多注或者连续一句一注。同一脚注中所引文献一般不超过 5 个。

2. 文献来源应当真实、相关、权威

引用文献应当确保真实,未经查核的文献不得引用。引用他人观点应当准确,不得曲解。使用 DeepSeek、ChatG-

PT等人工智能工具所获的文献信息,尤须谨慎。

所引文献应当与论证相关。同一问题有多个相关文献的,优先引用与论证关系最密切的文献。对相关问题进行专题论述的文献,优于简单论及该问题的文献。

同一内容有多个文献来源的,应当选择权威文献。有纸质出版文献的,一般不引用网络电子文献。同一文献有多个来源的,一般引用最初刊发的文献,不引用转载或者摘编的文献;原初文献为外文或者古籍,宜查找并引用原初文献。文献修订再版的,一般引用修订后的版本,先前版本与论证主题关系更密切的除外。

3. 引注信息应当准确、完整、简洁

已出版文献的引注信息,原则上从原文原著。图书的作者、书名和出版信息(如"修订版""增订版""第×版")以版权页为准,论文以论文首页为准。原文献的署名或者标题有错误或者明显不符合引注习惯的,可作相应处理(详见第26条)。

引注信息应当完整,包含被引文献的基本要素,尽量方便读者查核。引注信息的具体内容,可以根据引注体例并结合文章主题、写作对象和论述需要酌定。

在保证引注信息完整的前提下,引注信息的编排尽可能简洁、流畅。

(二)引注的基本体例

4. 引注的一般方式

注释内容采用页下脚注;出于行文需要,采用文中夹注、图表说明等特殊处理的除外(见第14、15条)。

引注符号使用阿拉伯数字,可以带圆圈或者六角括号,也可以不带。对论文作者的介绍、翻译作品的译者注,建议使用星号 * 等,以示区别。

引注序号的编排方式,由期刊和出版社自行确定;作者投稿时,建议文章每篇连续编号,图书各章(篇)连续编号。

5. 原文引用与概括引用

引用他人陈述或者观点,应当确保读者能够识别是原文引用还是概括引用。原文引用一般加引号,不得任意更改引用内容;概括引用不加引号,作者自行概括,但不得歪曲原意。概括引用中包含少量原文内容,需要强调的,该原文内容可以加引号。

原文引用时,为节省篇幅、方便理解或者特别强调,作者可以对原文作适当处理。例如,使用省略号代替省略的文字,用夹注方式对内容作出解释,对部分文字予以改写,变换字体或者加着重号。对引文作前述处理时,必须区分被引原文和作者添附,避免读者产生误解。例如:

"除各中院的院长、行政庭长和 1995 年行政诉讼、非诉行政案件收案'双超百'的 23 个基层法院的一把手和三个大力支持行政审判工作的县委书记参加会议外(**以之鼓励先进**),我们还让行政诉讼案件收案不足 10 件的 14 个基层法院的一把手参加会议(**以之鞭策后进**)。在省院会议上,李道民院长要求每个法院的领导……认真反思一下,自己思想是否解放,是不是真正重视行政审判工作。"①

---

① 河南省高级人民法院:《充分发挥上级法院的监督指导作用 推动全省行政审判工作健康发展》,载最高人民法院行政审判庭编:《中国行政审判研讨——99'全国法院行政审判工作会议材料汇编》,人民法院出版社 2000 年版,第 87-88 页。引用内容有省略,引文括号中的粗体字为笔者所加。

6. 引文内容的编排处理

大段引用,或者有其他情况作者需要特别强调的,引文可以独立成段,变换字体,整段缩进。特殊编排的引文,可以不另加引号。例如:

尽管盐铁官屡设屡罢,但是越到后来,政府财政上对盐铁之利的依赖越大,似乎盐铁管制(官营)已是欲罢不能了。陈顾远先生论及此时有如下结论:

齐筦山海之利,秦有盐铁之权;汉置盐铁官以筦(管制)其事,又禁人民酿酒,由官家榷(专卖)之;后世相承,至清末改,惟其范围则有广狭也。王莽六筦,金代十榷,皆最广者;清则仅榷盐茶,为最狭者。榷权之设,其对特定物品之设官专营,古者或以其与民争利为病,尝亦罢其禁,以示与民共之;顾其结果,豪贵之家乘势占夺,强梁之徒肆其兼并,民既不裕,国亦不富,于是屡废而终不得废者即此故耳。②

---

② 参见陈顾远:《中国法制史概要》(第 5 版),三民书局 1977 年版,第 332-333 页。

7. 引注符号的位置

引注符号应当紧随被引内容,避免读者误解被引内容。下面一句话夹叙夹议,所引文献只是标注"年均增长 5.3%"这一事实的出处,但引注符号置于句末,容易被误解为对全句(包括议论部分)的引用,这个位置就是不恰当的:

自 2016 年以来,一审行政案件年均增长 5.3%,这一增速并不算高。③

---

③ 参见张军:《最高人民法院关于人民法院行政审判工作情况的报告》,2024 年 11 月 5 日在第十四届全国人大常委会第十二次会议上。

对全句的引用,引注符号置于句子末尾句号、问号等标点之后。对句中部分内容的引用,引注符号置于该部分内容标点之后。对特定字词的引用,引注符号置于该字词之后、其他文字或者标点之前;引用特定字词并带引号的,引注符号应当紧接引号,置于其他文字或者标点之前。

例如:

在《行政诉讼法》起草过程中,关于受案范围问题曾有热烈的讨论。④多数学者为使受案范围尽量宽泛,主张采取概括规定,⑤立法最终还是采取逐项列举的方式。比起此前各个单行法,该法规定的受案范围"有所扩大"⑥,但与概括规定的主张还相距很远。

---

④ 立法过程中的相关讨论和争鸣,参见金俊银、邱星美:《试论我国行政诉讼的范围》,载《西北政法学院学报》1988年第3期;肖峋:《行政诉讼受案范围的比较研究》,载《法律学习与研究》1988年第6期;张尚鷟:《试论我国的行政诉讼制度和行政诉讼法》,载《中国法学》1989年第1期;王名扬:《评行政诉讼法草案》,载《政法论坛》1989年第1期;俞梅荪、孙林:《行政诉讼法草案修改意见综述》,载《法制日报》1989年3月15日,第3版;张树义:《〈行政诉讼法(草案)〉若干争论问题再思考》,载《法学》1989年第3期。

⑤ 同上注。特别是俞梅荪、孙林文和张树义文,针对全国人大常委会公布的法律草案,明确主张采用概括规定。

⑥ 王汉斌:《关于〈中华人民共和国行政诉讼法(草案)〉的说明》,1989年3月28日在第七届全国人大第二次会议上。

8. 引领词的用法

为说明文献来源和引用方式,可以在文献信息前使用引领词。

(1)"见"和"参见"

直接引用原文的,一般省略引领词"见";概括引用文献的,使用"参见"引领。引用法条、案例等文献,可以不用引领词。

（2）"又见"和"另见"

同一文献有不同出处,需要互相印证的,可以用"又见"。

正文中叙述一个观点,脚注中援引该观点的出处,同时提及其他相关文献的,可以用"另见"。

（3）"载"

文章来源于期刊、报纸、网络以及来源于独立作品组成的文集,文献来源前标注"载"。

（4）"转引自"

通过二手文献的介绍查找到原初文献并已核实的,直接引用原初文献,一般不再写二手文献信息。无法找到原初文献或者不能阅读原初文献的,在标明原初文献后,用"转引自"标注二手文献信息。

9. 引用编辑作品的篇章

一人或者多人若干作品集合而成的编辑作品,如需引用其部分篇章,宜根据图书的著作方式确定被引文献。编著作品,即整体结构严整、各部分不可分割的图书,以该图书为被引文献;引用时,首先标注该图书的相关信息,随后标注相关内容所在的篇章或者页码。汇编作品,即由多篇相互独立的文章合成的文集,应当以该文章为被引文献;引

用时,首先标注该文章的信息,随后标注该文章所在文集的信息。例如:

罗豪才主编:《行政法学》,中国政法大学出版社1989年版,第五章"行政执法"。

车丕照:《论国际条约对私人的效力》,载朱晓青、黄列主编:《国际条约与国内法的关系:中德国际条约与国内法关系研讨会论文集》,世界知识出版社2000年版。

引用编著作品特定部分的内容,需要强调该部分内容的作者的,可以在文献信息后括注作者或者单独说明。例如:

罗豪才主编:《行政法学》,中国政法大学出版社1989年版,第五章"行政执法"。该章系应松年撰写。

《中国大百科全书·法学》,中国大百科全书出版社1984年版,第117-118页"反致和转致"(李浩培撰)。

10. 多条文献的排列

一个注释包含多条同类文献的,一般按时间顺序排列,用分号隔开。例如:

参见马怀德主编:《司法改革与行政诉讼制度的完善》,中国政法大学出版社2004年版;胡建淼主编:《行政诉讼法修改研究》,浙江大学出版社2007年版;杨小君:《行政诉讼问题研究及制度改革》,中国人民公安大学出版社2007

年版;莫于川主编:《建设法治政府需要司法更给力》,清华大学出版社 2014 年版。

同一注释包含多个语种文献的,引领词使用首条文献的语言,各条文献结尾的分号使用该语种的符号,引注结尾的句号使用最后一条文献语种的符号。例如:

参见沈岿:《制度变迁与法官的规则选择:立足刘燕文案的初步探索》,载《北大法律评论》第 3 卷第 2 辑,法律出版社 2001 年版; Thomas E. Kellogg, "*Courageous Explorers*"? *Education Litigation and Judicial Innovation in China*, 20 Harvard Human Rights Journal 141 (2007).

See Thomas E. Kellogg, "*Courageous Explorers*"? *Education Litigation and Judicial Innovation in China*, 20 Harvard Human Rights Journal 141 (2007);沈岿:《制度变迁与法官的规则选择:立足刘燕文案的初步探索》,载《北大法律评论》第 3 卷第 2 辑,法律出版社 2001 年版。

11. 对所引文献的说明

引用文献时,作者可以在脚注中说明所引文献的内容,解释文献的意义,提示相关研究,或者纠正所引文献中的错误信息。

(1)说明所引文献的内容。例如:

传统中国少有确定的权利以及相应的权利观念,所以谈不上法治社会。对该状况的一个历史解释,参见[日]寺田浩明:《拥挤列车模式:明清时期的社会认识和秩序建构》,阮云星译,载《清华法学》2010年第6期。

(2)解释文献的意义。例如:

R. *v.* Panel on Take-overs and Mergers, *ex parte* Datafin plc [1987] QB 815.该案涉及对一个证券交易机构的司法审查。这个交易机构既非行政机关也没有法律授权,却行使规制和惩罚的职能。

(3)提示相关研究,包括类似观点或者相反观点。例如:

Jeffrey E. Cohen, *The Dynamics of the "Revolving Door" on the FCC*, 30 American Journal of Political Science 689 (1986).类似的研究还有 Paul J. Quirk, *Industry Influence in Federal Regulatory Agencies*, Princeton University Press, 1981.

对前述观点的批评,参见苏力:《公民权利论的迷思:历史中国的国人、村民和分配正义》,载《环球法律评论》2017年第5期。

(4)纠正所引文献中的错误信息。例如:

朱苏力:《制度是如何形成的?——关于马伯里诉麦迪逊案的故事》,载《比较法研究》1998年第1期。原文写"马歇尔诉麦迪逊",当是笔误。

12. 同一文献多个来源的处理

同一文献有多个来源的,原则上只引用最早的文献,不引用转载、转发的文献。例如,王健教授为《法学引注手册》写的评论《寻找法学引注体例的最大公约数》,在微信公众号"燕大元照"发布后,又被澎湃新闻等媒体转载,引用时,宜引用微信公众号"燕大元照"的信息。

一些早期文献的最早出处一般读者不易查找,作者认为确有必要的,可以同时引注该文献重印、转载或者扫描的信息。例如:

顾颉刚:《五德终始说下的政治和历史》,载《清华学报》第6卷第1期(1930年),后重刊于顾颉刚编著:《古史辨》(第5册),朴社1935年版(上海古籍出版社1982年重印)。

民国大学诉工商总长刘揆一案,判决文书见熊元翰等编:《京师地方审判厅法曹会判牍汇编》(第一集民事·下编),商务印书馆天津印刷局1914年版,"物权"第1–5页。电子扫描版可检索国家图书馆民国图书数据库或者北京记忆网站。

13. 再次引用同一文献

对同一文献的引用应当适度。除了对该文献的专门介绍和评论,一般不宜频繁、密集引用。

同一文献在文中多次引用的,第一次引用必须标注完整信息,再次引用时可以略写。是否略写,宜考虑引用频次等情况,以各刊物和出版社规定为准。为防止引注信息在文稿修改、编校过程中发生错乱,不建议在内容定稿前使用略写,也不建议作者在投稿时使用略写。

(1)学术文献的略写

略写文献时,一般应当写明前注序号、文献作者、文献名称,必要时标注页码。外籍作者、古代作者前不加国籍和朝代;外籍作者可以只写姓,不写名;作者为三人以上的可以只写第一作者,后加"等"字;文献名称可以略写副标题。例如:

〔16〕[德]鲁道夫·冯·耶林:《为权利而斗争》,刘权译,法律出版社2019年版;张文显、于宁:《当代中国法哲学研究范式的转换——从阶级斗争范式到权利本位范式》,载《中国法学》2001年第1期;王利明:《迈向权利保护的新时代》,载《中国人民大学学报》2020年第4期。

〔37〕同前注〔16〕,耶林:《为权利而斗争》,第3页。

〔38〕同前注〔16〕,张文显、于宁:《当代中国法哲学研究范式的转换》,第69页。

在不引起误解的情况下,也可以进一步省略文献名称和著作方式,只写"某某书""某某文"。例如,前例〔38〕也可以略写为:

〔38〕同前注〔16〕,张文显、于宁文,第69页。

前后紧邻的两个引注,文献完全相同,而且没有其他文献干扰的,可以写"同上注";所引文献是外文的,从该语种习惯,如"Ibid."。例如:

〔56〕R. *v.* Panel on Take-overs and Mergers, *ex parte* Datafin plc〔1987〕QB 815.

〔57〕Ibid.

(2)法律文件、官方报告的略写

法律文件或者官方报告略写时,应当标明制定机关(报告人)和文献名称。例如:

〔5〕信春鹰:《关于〈中华人民共和国行政诉讼法修正案(草案)〉的说明》,2013年12月23日在第十二届全国人大常委会第六次会议上。

〔21〕同前注〔5〕,信春鹰:《关于〈中华人民共和国行政诉讼法修正案(草案)〉的说明》。

14. 文中夹注

出于行文需要,可以在正文中夹注古籍、外文、页码等信息,代替或者部分代替页下脚注。

(1)文中夹注古籍

引用常见经典古籍中的语句,历代文献无异文,文献名

称又相当简短的,可以在正文中夹注出处。夹注一般只标书名和篇名,用中圆点连接,用圆括号括注,紧随引文之后。例如:

> 天神所具有的道德意志,代表的是人民的意志。这也就是所谓"天聪明自我民聪明,天明畏自我民明威"(《尚书·皋陶谟》)。

(2)文中夹注外文

正文中提及的外国人名、地名和重要术语,一般读者不熟悉或者容易误解的,第一次出现时,在正文中夹注外文。例如:

> 自毕克尔(Alexander Bickel)提出司法审查"反多数难题"(counter-majoritarian difficulty),该问题占据了美国宪法研究的中心,无数的笔墨花在对司法审查合法性的探讨上。

夹注外文不宜太多、篇幅不宜太长,以免妨碍中文阅读。众所周知的外国人名、地名和术语,在论述中并不重要的术语,不必夹注外文。外国人名、地名、术语涉及情况比较复杂,需要在正文或者脚注中专门辨析说明的,不使用夹注。

(3)文中夹注页码

一般来说,在一个篇章中不宜频繁、密集引用同一文献。对特定图书、文章、案例的专门介绍或评论,确需多次

引用的,可以在适当说明后,在正文相应位置用括号夹注页码。例如:

> 该文高度肯定了这一试点的意义,称它是"十分有益的探索"(第18页)。但是,在接下来的论述中,又对这些举措的合法性提出全面质疑(第24-28页)。

15. 图表说明

对文中图表的来源或者内容的说明,可以采用页下脚注,也可以置于图表下面;置于图表下面的,不与其他注释连续编号。

图表来自其他文献的,出处宜以"图形来源""图片来源"或者"表格来源"引出;图表系作者自制但图表数据来自其他文献的,出处宜以"数据来源"引出。

图表说明包含图表来源、图表整体注释、图表部分内容注释等不同性质的,先说图表来源,再作图表整体注释,后作图表部分内容注释。

(三)引注的相关事项

本部分主要适用于学术论文,内容为建议性质。

16. 论文标题

标题应直观、贴切反映论文主题,力求简洁、通顺。原则上不用"A:B——C"式的三重标题,例如"法治:社会转型时期的制度建构——对中国法律现代化运动的一个内在观察"。

标题一般不加引注。标题内容不用脚注说明,需要解释说明的宜在正文中解释说明。作者介绍、项目信息、致谢等内容需要用脚注说明的,注释符号建议放在作者姓名之后。

17. 论文摘要

摘要应客观反映文章核心内容,言之有物,连贯顺畅,独立成篇。

摘要可以摘录文中字句,但不宜大段重复论文段落。摘要不使用第一人称,如"我认为""笔者认为";忌带主观评价,如"具有开创意义"。

学术论文的摘要,以 200~300 字为宜,不分段;论文篇幅较长的,摘要字数可以稍多。硕士学位论文的摘要可以稍长,一般不超过 800 字(以一页 A4 纸为宜),建议分段;博士学位论文的摘要一般不超过 1600 字,分段。学位授予单位对论文摘要的字数另有要求的,从其要求。

摘要不加引注。

18. 关键词

学术论文摘要之后,附关键词 3~5 个。关键词部分以

"关键词"字样引导,后加冒号。

关键词应当标示论文的核心主题,不使用过于特别、其他研究者不会想到的语词或者过于普遍、缺乏识别度的语词。

关键词一般不带引号、书名号。关键词之间留一个字符(半个汉字)的空格,或者用分号隔开。例如,不宜用"'最多跑一次'、《行政许可法》",而是用:

关键词:最多跑一次 行政许可法 行政审批改革 服务行政

19. 作者介绍

论文作者介绍,应当如实说明作者的工作单位和职称,并可说明学历学位、主要研究方向等学术信息。例如:

张三,清华大学法学院助理教授,法学博士。
李四,中国社会科学院法学研究所研究员。

作者介绍一般只写最主要身份,不写"博士生导师""研究会理事"等;除了在职公务人员,不写行政职务。确有必要标明兼职身份的,原则上只写主要兼职身份。作者学位,一般只写最高学位,可以具体写上学位授予单位。

合作作品,宜在作者介绍部分说明各自分工或者参与情况。

作者介绍可以置于页下脚注位置,也可以置于论文摘要和关键词之后。采用页下脚注形式的,用星号 * 标明;有多位作者的,在最后一位作者姓名之后标记一个星号,在脚注中对各作者一一介绍。

20. 项目说明

论文系课题项目成果的,可以注明课题项目的支持机构和项目名称;有项目批准号、项目编号的,可以同时标明。论文与课题项目应当具有关联性。一篇论文原则上只标注一个课题项目的信息。例如:

本文系国家社科基金重大项目"新时代中国改革创新试验的法治问题研究"(18ZDA134)的阶段性成果。

21. 作者致谢

作者以外其他人的贡献,包括启发思路、提供资料、提出修改建议等,可以适当声明。致谢应当客观、诚恳、简约。

22. 参考文献

根据需要,文后可以列出参考文献或者主要参考文献。所列参考文献原则上应当是前文引注中出现过的文献。

参考文献较多的,可以按文献类别、语种、作者姓名拼音顺序、发表时间顺序排列,不建议按文献出现顺序排列。

23. 资料索引

法律专业图书可以根据情况,分别做案例索引、法规索引、术语索引、人名索引、图表索引,以便读者查找。

资料索引一般按字母(包括汉语拼音)顺序排列。外文译著的术语索引,建议按中文翻译的拼音顺序重新排列。

24. 标点符号

标点符号的使用应当遵循国家标准《标点符号用法》(GB/T 15834—2011),防止误用。

(1)区分标点符号与其他符号。例如,单书名号〈 〉,不能写成尖括号< >;短横线 -,不能写成一字线—;中圆点·,不能写成下脚点.。

(2)区分中英文输入法。例如,中文状态下的逗号,、引号" "、括号( ),不能与英文状态下的逗号,、引号" "、括号( )混同使用。

(3)注意标点符号的特殊用法。例如,按照新的标准,在序数括号或者阿拉伯数字后面不加顿号,例如(一)不写成(一)、,1.不写成1、,(1)不写成(1)、;几个并列的书名号中间也不加顿号,例如《刑事诉讼法》《民事诉讼法》《行政诉讼法》不写成《刑事诉讼法》、《民事诉讼法》、《行政诉讼法》。又如,目前党政机关公文发文字号中的年份,用的是六角括号〔 〕,不是圆括号( )、方括号[ ]或者方头括号【 】。

二、中文引注体例

(一)引用纸质出版文献

25. 引用纸质出版文献的一般格式

(1)纸质出版文献的概念

纸质出版文献包括已经出版的图书、已经发表的论文,以及纸质媒体的报道,不包括法律文件和裁判文书。

(2)纸质出版文献的要素

纸质出版文献的要素,包括主要作者、著作方式、文献名称、其他贡献者、出版信息(出版机构和年份或者期刊的卷次期数)、页码或者章节。文献主要作者(包括原创作品的作者及主编、汇编者等)写在文献名称之前,其他贡献者(包括文献的翻译者、勘校者等)写在文献名称之后。

(3)纸质出版文献的标点符号

纸质出版文献的主要作者与作品之间,用冒号间隔;其他要素之间,用逗号间隔;同一要素的多个信息(例如作者与作者、出版社与出版社)之间,用顿号间隔。

26. 文献信息的依据

图书的信息原则上以版权页为准，论文的信息原则上以论文首页为准。

图书版权页标注的信息不准确，可以参考图书封面、书名页、前言、后记等信息据实标注；必要时，另作说明。例如，《近代中国宪政历程：史料荟萃》一书，版权页写的是"夏新华、胡旭晟整理"，但从书名页来看，整理者有六位，引用时，文献作者宜写"夏新华、胡旭晟等整理"。

图书版权页标注的信息明显不符合引注习惯的，可以根据引注习惯标注。例如，德国学者哈特穆特·毛雷尔的《行政法学总论》，版权页写的是"[德]毛雷尔（H. Maurer）著"。作者姓名中外文混写的写法，不符合中文引注习惯。引用时，作者信息可以参考封面和书名页，写成"[德]哈特穆特·毛雷尔"。又如，日本学者盐野宏的《行政法Ⅱ：行政救济法》，版权页上的书名为"《行政法Ⅱ（第六版）行政救济法》"。"第六版"系原文版次，不属于书名，引用时可以去掉，在书名号之后适当标明。

论文首页上的作者、标题等信息明显错误的，可以根据正文或者其他信息更正，并作适当说明。例如，朱苏力教授的《制度是如何形成的？——关于马伯里诉麦迪逊案的故事》在《比较法研究》发表时，副标题中的"马伯里诉麦迪逊"误写成了"马歇尔诉麦迪逊"。引用时，可以直接更正并说明(见第 11 条第 4 项)。

参考文献的著录要素遵循上述原则;原文有明显错误的,直接更正,不另作说明。

A. 文献作者

27. 原创作品的作者

原创作品指主要阐发作者发现或见解、具有原创性的作品,包括独著和合著。

原创作品,作者姓名之后省略"著"字。其他作品,包括主编、汇编、翻译、整理、勘校的作品,在作者姓名之后标明该文献的著作方式。法律译注、评注,视为原创作品,但应标明著作方式。例如:

陈卫佐:《拉丁语法律格言手册》,法律出版社 2024 年版。

陈卫佐译注:《德国民法典》(第 5 版),法律出版社 2020 年版。

《英国 2006 年公司法》,葛伟军译,法律出版社 2008 年版。

引用文献时区分著作方式和标示文献作者,主要是为了方便读者识别文献性质和查核文献,不涉及著作权的归属。

28. 编辑作品的编者

引用文献为编辑作品的,在主要作者(编者)姓名之后加"主编""编""编著""编译"等,说明著作方式。例如:

陈兴良主编:《刑法学》,复旦大学出版社2003年版。

何帆编著:《刑法注释书》(第2版),中国民主法制出版社2021年版。

引用多人参与、一人或几人主要负责的编辑作品,只写主编,不写副主编、编委会主任,也不写作品各部分的作者。引用多人分工主编的大型丛书中的某一卷册,只写该卷册主编,不写丛书主编。

29. 翻译作品的译者

翻译作品的译者位于文献名称之后、出版信息之前。例如:

[美]富勒:《法律的道德性》,郑戈译,商务印书馆2005年版。

[日]寺田浩明:《拥挤列车模式:明清时期的社会认识和秩序建构》,阮云星译,载《清华法学》2010年第6期。

翻译作品有校对者的,可以视情况写明校对者。例如:

[英]科林·斯科特:《规制、治理与法律:前沿问题研究》,安永康译,宋华琳校,清华大学出版社2018年版。

30. 口述、访谈作品的整理者

口述作品,口述者位于文献名称之前,整理者位于文献名称之后、出版信息之前。例如:

江平口述:《沉浮与枯荣:八十自述》,陈夏红整理,法律出版社2010年版。

访谈作品,被访谈者、访谈者列于文献名称之前。例如:

苏力、于明:《基于中国经验的学术创造——苏力教授访谈》,载《学术月刊》2020年第3期。

31. 勘校作品的校对者

古籍点校作品,可以视情况写明点校者;早期作品再版的,也可以视情况写明勘校者。例如:

(清)沈家本:《历代刑法考》,邓经元、骈宇骞点校,中华书局1985年版。

范扬:《行政法总论》,邹荣勘校,中国方正出版社2005年版。

B. 作者信息

32. 作者信息的一般写法

(1) 直写姓名

引用著作时,只写作者姓名,不写职务。引用作者本人著作不用"拙文""拙著"之类的谦称,引用他人著作不用"氏著"之类的说法。

(2)标注全名

作者姓名、名称,原则上应当按照版权页标注全名。例如:

全国人大常委会法制工作委员会行政法室编:《行政诉讼法立法背景与观点全集》,法律出版社 2015 年版。

(3)团体作者

作者系多人,以"编写组""编委会"等为名的,从其署名。例如:

《宪法学》编写组编:《宪法学》(第 2 版),高等教育出版社、人民出版社 2020 年版。

(4)笔名

作者使用笔名的,从笔名;必要时,可以括注真名。例如:

韦宗(费宗祎)、阿江(江必新):《行政诉讼立法要论》,载《中国法学》1988 年第 6 期。

33. 外籍作者的信息

外籍作者,在姓名之前用方括号[ ]注明国籍。

国籍的标注以版权页为准,可以使用简称,如[德]、

[英];但可能引起歧义的,不使用简称,例如,巴西学者,国籍不能简称[巴],而应该写[巴西]。古代希腊、罗马等西方古典时代的作者,国籍应写[古希腊]、[古罗马],不能写[希腊]、[罗马]。

多个作者为同一国籍的,只在第一个作者前标注国籍;多个作者分属不同国籍的,应当分别标注国籍;作者中有中国公民的,中国作者的国籍省略,仅标注外籍作者的国籍。例如:

[德]汉斯·J. 沃尔夫、奥托·巴霍夫、罗尔夫·施托贝尔:《行政法》(第1卷),高家伟译,商务印书馆2002年版。

[美]瑞恩·卡洛、迈克尔·弗鲁姆金、[加]伊恩·克尔编:《人工智能与法律的对话》,陈吉栋、董惠敏、杭颖颖译,上海人民出版社2018年版。

陈甦、[芬兰]尤拉·柳库恩主编:《法制改革与法治发展:中国与芬兰的比较》,社会科学文献出版社2019年版。

姓名标示应当完整、准确。学界熟悉、约定俗成的姓名,从习惯,如"[德]康德""[英]边沁"。特别冗长的姓名,在不引起误解的情况下,也可以缩写。例如,葡萄牙学者若泽·曼努埃尔·里贝罗·塞尔武罗·科雷亚(José Manuel Ribeiro Sérvulo Correia),可缩写为"若泽·科雷亚"。

作者姓名有不同译法时,以文献出版信息为准;必要时，可以说明通行译法。例如：

[法]狄骥:《公法的变迁》,郑戈译,商务印书馆 2013 年版。

[法]勒翁狄几:《公法要义》,杨肇熉译,商务印书馆 1940 年版。"勒翁狄几"现今多译为"狄骥"。

姓名中间的间隔符用中圆点，如"马克斯·韦伯"；中外文混用的姓名，外文用首字母缩写的，首字母后加下脚点.，不用中圆点。原文与此写法不同的，照此统一。例如，有的出版物把 Richard J. Pierce 写成"理查德·J·皮尔斯"，不够规范，引用时应写成：

[美]理查德·J. 皮尔斯

34. 古籍作者的信息

中文古籍作者，在姓名之前用圆括号（ ）注明朝代。例如：

(清)沈家本:《历代刑法考》,邓经元、骈宇骞点校,中华书局 1985 年版。

作者主要活动时间延续到民国时期的，如康有为、梁启超，不视为古籍作者，不标注朝代。

35. 合作作品的作者信息

作者人数为两人或者三人的，一一列明，作者之间用顿号间隔。例如：

罗豪才、袁曙宏、李文栋：《现代行政法的理论基础——论行政机关与相对一方的权利义务平衡》，载《中国法学》1993年第1期。

作者人数众多，不便全部列明的，可以根据情况列一到两位，后面加"等"字。例如，《近代中国宪政历程：史料荟萃》一书由六位学者共同整理，引用时可以写作：

夏新华、胡旭晟等整理：《近代中国宪政历程：史料荟萃》，中国政法大学出版社2004年版。

36. 作者信息的省略

（1）古代典籍的作者

常用典籍和官修大型典籍，可不标注作者。例如，《论语》《资治通鉴》、二十四史等。

（2）辞书的作者

由编委会组织编写的辞典、百科全书等，可以省略作者。例如，中国大百科全书出版社1984年出版的《中国大百科全书·法学》是由一个庞大的法学编辑委员会负责编写并有众多人员参与编辑出版工作的集体作品。引用时，只需写：

《中国大百科全书·法学》，中国大百科全书出版社

1984年版。

(3) 作者佚名

被引文献没有作者署名,经过查考仍无法确定作者的,不写作者姓名,或者只写"佚名"。

(4) 个人文集

书名包含作者姓名的个人文集,从书名可以直接推断作者的,可以省略文集作者。例如:

邓小平:《精简机构是一场革命》,载《邓小平文选》(第2版第2卷),人民出版社1994年版。

C. 文献名称

37. 文献名称的一般写法

引用文献的名称,包括文章标题,用书名号;栏目名称、丛书名,可视情况使用引号或者书名号。

引用文献应当用全称,不用简称。文献名称冗长的,第一次引用时仍用全称,再次引用时可以略称(详见第13条)。

所引文献标题带有逗号、问号等标点符号的,从原文,不省略。文献标题在排版时用空格,引用时需要加标点的,可以根据情况使用顿号或者逗号。例如,《中国律师》2007年第10期一篇文章的主标题排版成"执行难　难于上青天?"(见图1),引用时标题可以写作:

《执行难,难于上青天?》

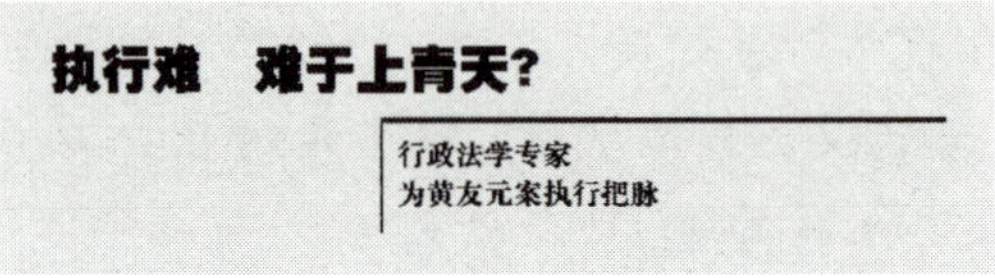

执行难　难于上青天?

行政法学专家
为黄友元案执行把脉

图 1　排版时用空格的标题

所引文献有副标题的,主标题和副标题之间的符号(冒号、破折号等),一般从原文。主标题以问号结尾的,主标题与副标题之间不用冒号,用破折号或者省略标点符号。图书封面上主标题与副标题之间没有使用标点符号的,以版权页为准;论文主标题与副标题之间没有使用标点符号的,加冒号或者破折号。例如:

《行政诉讼证据规则:原理与规范》
《何以合法?——对"二奶继承案"的追问》

38. 报纸文章的标题

所引报纸文章标题包含两个部分,但没有主从关系的,用一个字符的空格隔开。例如:

《陕西国土厅否决法院判决 施压最高院要求改判》

有的报纸文章标题包含引题、主题和副题,可以视情况省略引题和副题。例如,《人民法院报》2023 年 3 月 17 日一则报道的标题排版格式为"最高法召开党组扩大会传达学习习近平总书记在全国两会期间系列重要讲话精神和全国两会精神 张军强调 抓实抓好公正与效率 为大局服务为人民司法”（见图 2），引用时可省略引题，写成：

《抓实抓好公正与效率 为大局服务为人民司法》

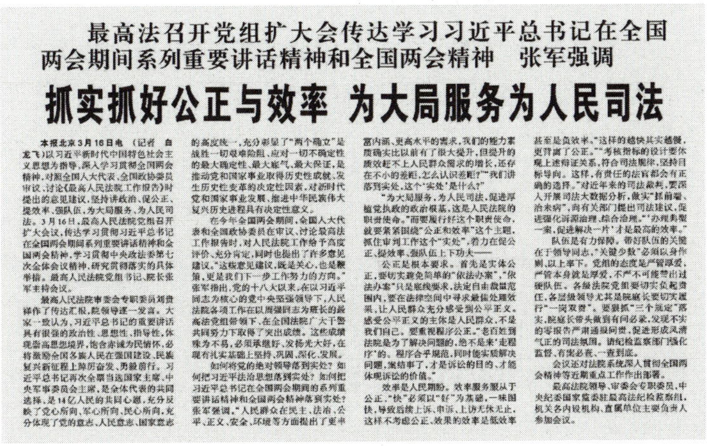

最高法召开党组扩大会传达学习习近平总书记在全国两会期间系列重要讲话精神和全国两会精神 张军强调

抓实抓好公正与效率 为大局服务为人民司法

本报北京3月16日电 （记者 白龙飞）以习近平新时代中国特色社会主义思想为指导，深入学习贯彻全国两会精神，对照全国人大代表、全国政协委员审议、讨论《最高人民法院工作报告》时提出的意见建议，坚持讲政治、促公正、提效率、强队伍，为大局服务、为人民司法。3月16日，最高人民法院党组召开扩大会议，传达学习贯彻习近平总书记在全国两会期间系列重要讲话精神和全国两会精神，学习贯彻中央政法委第七次全体会议精神，研究贯彻落实的具体举措。最高人民法院党组书记、院长张军主持会议。

最高人民法院审委会专职委员刘贵祥作了传达汇报，院领导逐一发言。大家一致认为，习近平总书记的重要讲话具有很强的政治性、思想性、指导性，体现崇高思想境界，饱含赤诚为民情怀，必将激励全国各族人民在强国建设、民族复兴新征程上踔厉奋发、勇毅前行。习近平总书记再次全票当选国家主席、中央军事委员会主席，是全体代表的共同选择，是14亿人民的共同心愿，充分反映了党心所向、军心所向、民心所向，充分体现了党的意志、人民意志、国家意志的高度统一，充分彰显了“两个确立”是战胜一切艰难险阻、应对一切不确定性的最大确定性、最大底气、最大保证，是推动党和国家事业取得历史性成就、发生历史性变革的决定性因素，对新时代党和国家事业发展、推进中华民族伟大复兴历史进程具有决定性意义。

在今年全国两会期间，全国人大代表和全国政协委员在审议、讨论最高法工作报告时，对人民法院工作给予高度评价、充分肯定，同时也提出了许多意见建议。“这些意见建议，既是关心，也是鞭策，更是我们下一步工作努力的方向。”张军指出，党的十八大以来，在以习近平同志为核心的党中央坚强领导下，人民法院各项工作在以周强同志为班长的最高法党组带领下，在全国法院广大干警共同努力下取得了突出成绩。这些成绩殊为不易，必须承继好、发扬光大好，在现有扎实基础上坚持、巩固、深化、发展。

如何将党的绝对领导落到实处？如何把习近平法治思想落到实处？如何把习近平总书记在全国两会期间的系列重要讲话精神和全国两会精神落到实处？张军强调，“人民群众在民主、法治、公平、正义、安全、环境等方面提出了更丰富内涵、更高水平的需求，我们的能力素质确实比以前有了很大提升，但提升的质效赶不上人民群众需求的增长，还存在不小的差距，怎么认识差距？”“我们讲落到实处，这个‘实处’是什么？”

“为大局服务，为人民司法，促进厚植党执政的政治根基，这是人民法院的职责使命。”而要履行好这个职责使命，就要紧紧围绕“公正和效率”这个主题，抓住审判工作这个“实处”，着力在促公正、提效率、强队伍上下功夫——

公正是根本要求。首先是实体公正，要切实避免简单的“依法办案”，“依法办案”只是底线要求，法定自由裁量范围内，要在法律空间中寻求最佳处理效果，让人民群众充分感受到公平正义。感受公平正义的主体是人民群众，不是我们自己。要重视程序公正。“老百姓到法院是为了解决问题的，绝不是来‘走程序’的。程序合乎规范，同时能实质解决问题，案结事了，才是诉讼的目的、才能体现诉讼的价值。”

效率是人民期盼。效率服务服从于公正，“快”必须以“好”为基础，一味图快，导致后续上诉、申诉、上访无休无止，这样不考虑公正、效果的效率是低效率甚至是负效率。“这样的越快其实越慢，更背离了公正。”“考核指标的设计要体现上述辩证关系，符合司法规律，坚持目标导向。这样，有责任的法官都会有正确的选择。”对近年来的司法裁判，要深入开展司法大数据分析，做实“抓前端、治未病”，向有关部门提出司法建议，促进强化诉源治理、综合治理。“‘办理典型一案，促进解决一片’才是最高的效率。”

队伍是有力保障。带好队伍的关键在于领导同志，“关键少数”必须以身作则、以上率下。党组的态度是严管厚爱，严管本身就是厚爱，不严不可能带出过硬队伍。各级法院党组要切实负起责任，各层级领导尤其是院庭长要切实履行“一岗双责”。要狠抓“三个规定”落实，院庭长带头做到有问必录，发现不实的零报告严肃通报问责，促进形成风清气正的司法氛围。请纪检监察部门强化监督，有案必查、一查到底。

会议还对法院系统深入贯彻全国两会精神等近期重点工作作出部署。

最高法院领导、审委会专职委员，中央纪委国家监委驻最高法纪检监察组，机关各内设机构、直属单位主要负责人参加会议。

图 2 带有引题的文章标题

39. 图书的名称

（1）合订本图书，名称包含两个不同主题，相互没有主从关系的，用一个字符的空格隔开。例如：

［美］罗·庞德：《通过法律的社会控制 法律的任务》

（2）所引图书系丛书或者套书中的一卷（册），一般省略丛书名。例如，“中国当代法学家文库”姜明安行政法研究系列中的《法治的求索与呐喊(论文卷)》,书名只写"《法治的求索与呐喊(论文卷)》";王名扬的《美国行政法》在北京大学出版社出版时,是作为"王名扬全集"的一卷,与其他各卷在内容上没有关联,引用时只写"《美国行政法》",不写"《王名扬全集·美国行政法》"。

所引图书系丛书或者套书中的一卷(册),且丛书或者套书名称构成书名的一部分,不宜省略的,用中圆点或者冒号间隔。例如:

《中国大百科全书·法学》

[日]盐野宏:《行政法Ⅱ:行政救济法》

(3)多卷册的图书,在书名号后面用括号注明"第×卷""上册"等;连续出版物的卷、辑,不加括号。卷次一般用阿拉伯数字。例如:

《邓小平文选》(第2版第2卷)

《民商法论丛》第61卷

(4)图书的版、卷、册信息同时出现的,按照先版、后卷、再册的顺序排列。版、卷、册之间不加标点。例如:

《奥本海国际法》(第8版上卷第1分册)

(5)古籍的卷册,可以写在书名后,不加括号。例如:

(宋)王溥:《唐会要》,卷三十九《定格令》,上海古籍出版社 2006 年版,第 825 页。

40. 图书的版本

(1)图书版本不同于印刷次数。同一版本多次印刷的,通常仍为一版;内容发生较大变化,或者经过重新排版的,视为不同版本。版本信息一般以版权页为准。

(2)初版图书,无须标明"初版""第 1 版";再版的,在书名后括注"修订版""增订版""重排版""第×版"等。例如:

张新宝:《侵权责任法》,中国人民大学出版社 2006 年版。

张新宝:《侵权责任法》(第 5 版),中国人民大学出版社 2020 年版。

(3)外文图书的中译本,可以在书名后用括号标明原书"第×版"。例如:

[美]理查德·J. 皮尔斯:《行政法》(第 5 版),苏苗罕译,中国人民大学出版社 2016 年版。

[英]劳特派特修订:《奥本海国际法》(第 8 版上卷第 1 分册),王铁崖、陈体强译,商务印书馆 1971 年版。

(4)图书再版时变更出版社,没有标明再版的,从原书信息。例如:

王名扬:《美国行政法》,中国法制出版社 1995 年版。

王名扬:《美国行政法》,北京大学出版社 2016 年版。

D. 出版信息

41. 图书的出版信息

(1)图书的出版信息,包括出版社和出版时间。

(2)出版社名称应当完整,出版社之前不写所在城市。例如,只写"法律出版社",不写"北京:法律出版社"。

(3)两家出版机构联合出版的,应当一一列明,中间用顿号。例如:

魏振瀛主编:《民法》(第8版),北京大学出版社、高等教育出版社2021年版。

(4)出版时间只写年份,不写月份。出版月份与讨论主题有关系的,或者同一年有不同版本的,可以写明月份。

42. 文集的出版信息

引用会议文集、纪念文集或者其他专题文集中的文章,应当完整标注该文集的编者、书名和出版信息,以"载"字开头。例如:

车丕照:《论国际条约对私人的效力》,载朱晓青、黄列主编:《国际条约与国内法的关系:中德国际条约与国内法关系研讨会论文集》,世界知识出版社2000年版。

[德]莱纳·沃尔夫:《风险法的风险》,陈霄译,载刘刚编译:《风险规制:德国的理论与实践》,法律出版社2012年版。

43. 学术期刊的出版信息

(1)学术期刊名称用书名号。期刊的"法学版""社会科学版""人文社会科学版"等属于期刊名称的一部分,用括号注明,置于书名号内。期刊的出版信息,一般采用"××年第×期"。例如:

《清华大学学报(哲学社会科学版)》2018 年第 4 期

(2)学术期刊名称有变化的,写所引文献发表当时的期刊名。例如,北京大学法律系主办的《国外法学》于 1989 年更名为《中外法学》,更名前文章的出处仍写《国外法学》。

(3)学术期刊有别名的,写主要名称。例如,《法律科学》杂志在封面上标明该刊系"西北政法大学学报",引用时可以只写"《法律科学》"。

44. 集刊的出版信息

引用集刊,即期刊之外连续出版的学术文集(包括一卷多辑、页码连续的文集),一般标明主编或者编者,书名后直接标注"第×卷""第×辑"或者"第×卷第×辑",并注明出版社和出版年份。例如:

梁慧星主编:《民商法论丛》第 1 卷,法律出版社 1994 年版。

集刊的版权页未标明主编的,引注时也不标主编;版权页只写编委会的,引注时可以省略编委会。例如:

《北大法律评论》第 4 卷第 2 辑,法律出版社 2002 年版。

45. 报纸杂志的出版信息

报纸的出版信息,一般注明年、月、日和版面信息。版面序号前不加"0",不写成"第 02 版"。例如:

何海波:《判决书上网》,载《法制日报》2000 年 5 月 21 日,第 2 版。

学术期刊和集刊之外定期出版的杂志(如新闻周刊),出版信息一般注明期次,可以括注刊发时间。例如:

王和岩:《邓玉娇案尘埃落定》,载《财经》2009 年第 13 期(2009 年 6 月 22 日)。

46. 古籍的出版信息

中文古籍往往版本众多,引用时需根据论证需要而定,优先选择内容可靠、容易获取的版本。

引用传统的刻本、抄本,应当标明版本信息;现代出版的标点本、整理本、影印本,也可根据需要标注出版方式。例如:

(清)姚际恒:《古今伪书考》,苏州江氏文学山房 1924

年活字本(江氏聚珍板印)。

(清)姚际恒:《古今伪书考》,顾颉刚校点,朴社1933年版,第57-58页。

(宋)李昉等:《太平御览》卷六九〇,中华书局1960年影印本,第3册,第3080页下栏。

引用常用古籍,不涉及内容争议的,可以省略出版信息。例如:

《论语·述而》。

47. 台湾地区文献的出版信息

引用我国台湾地区的文献必须遵守一个中国原则,不使用"国立""中央"等表述,无法作变通处理的加上引号。例如,"《国立台湾大学法学论丛》"可按惯例称为"《台大法学论丛》"。

台湾地区图书的出版年份,按照公元纪年写明。台湾地区学者不通过出版机构而自行印发的图书,按照版权页标明"自版"等。例如:

翁岳生主编:《行政法》(上),元照出版有限公司2020年版,第198页。

王泽鉴:《民法总则》,2020年修订自版,第617-618页。

台湾地区期刊卷、期的标注方式从各期刊,年份用公元

纪年。例如:

《台大法学论丛》第 47 卷第 4 期(2018 年)
《政大法学评论》第 132 期(2013 年)

E. 页码和章节

48. 页码

(1)引用图书或者论文特定部分的内容,应当标明页码;如果是概括提及图书、论文,不标页码,但一般应加提示。例如:

瞿同祖:《清代地方政府》,范忠信、何鹏、晏锋译,新星出版社 2022 年版,第 5-30 页。

崔国斌:《知识产权法官造法批判》,载《中国法学》2006 年第 1 期,第 163 页。

关于相关问题的研究,参见那思陆:《清代州县衙门审判制度》,中国政法大学出版社 2006 年版;里赞:《晚清州县诉讼中的审断问题:侧重四川南部县的实践》,法律出版社 2010 年版;伍跃:《传统中国行政诉讼的一个场景:民告官》,载[日]夫马进编:《中国诉讼社会史研究》,范愉、赵晶等译,浙江大学出版社 2019 年版。

本手册的示例有的标页码,有的未标页码。实际使用时,是否标注页码由作者和编辑根据前述原则决定。

(2)古籍刻本的页码有两面的,可以用 a、b 标明。例如:

(清)姚际恒:《古今伪书考》卷三,苏州江氏文学山房 1924 年活字本(江氏聚珍板印),第 9 页 a。

(3)引用同一著作的几个内容不连续的页码,用顿号隔开;内容连续的页码(包括连续两页),起止页用短横线–连接。页码数字置于"第"和"页"中间,"第"和"页"只写一次。例如:

[德]哈特穆特·毛雷尔:《行政法学总论》,高家伟译,法律出版社 2000 年版,第 55、64-68 页。

(4)必要时,可以在所引文献的页码后,括注提示相应内容。例如:

《中国大百科全书·法学》,中国大百科全书出版社 1984 年版,第 81 页("法的解释"条)。

49. 章节

引用文献的内容为图书特定章节,标注章节更加明白的,可以只标明章节序号和名称,不写页码。例如:

《论语·述而》。

《圣经·出埃及记》,20:3。

《元典章》,卷一九《户部五·田宅·家财》,"过房子与庶子分家财"条。

高鸿钧、程汉大主编:《英美法原论》,北京大学出版社2013年版,第二章"英美判例法"。

(二)引用网络电子文献

50. 引用网络电子文献的原则

网络文献、广播电视节目、音像制品等非纸质文献不够稳定,引用应当谨慎。

如果文章已在纸质出版物上发表,原则上应引用纸质出版物上发表的文章;纸质出版物未刊载,又确有必要引用的,可以引用网络文献、广播电视节目或者音像制品。

纸质出版物曾经刊载但作者无法查阅的,可以转引互联网上的文献,但应注明转引。纸质出版物曾经刊载但读者不易查阅的,可以同时提供互联网上的文献。

如果多个网站均有该文献,原则上应当引用首发网站上的文献;首发情况难以确认或者首发文献无法查阅的,引用权威网站上的文献。

非必要不引用已经消失的网页信息。不得已而引用的,应当提供该网页曾经存在的证据,并说明该网页现已不存在。

51. 引用网络文献的基本格式

引用网络文献,在作者和文章名之后,标明网站名称和上传日期,用"载"字引领;必要时,在上传日期后加网页链接。网站名称与上传日期之间不加逗号,上传日期与网页链接之间加逗号。基本格式为:

梁秋坪、郝萍:《全国打击治理农村赌博工作现场会召开》,载人民网 2024 年 10 月 12 日,http://society.people.com.cn/n1/2024/1012/c1008-40337761.html。

作者已经提供纸质出版文献的信息,同时引用网络文献作为补充的,可以省略网站名称和上传日期,只写网页链接。

52. 网络文献的作者

网络文献的作者,宜谨慎确定。作者使用网名的,引用时只写网名;必要时,可以括注真名。来源信息没有作者的,引注时不写作者。例如:

《被告人李宁、张磊贪污案一审开庭》,载新华网 2019 年 12 月 31 日,http://www.xinhuanet.com/legal/2019-12/31/c_1125406056.htm。

53. 网络文献的上传日期

引用网络文献,应当在网站名称之后、网页链接之

前,注明该文献的上传日期。例如:

任重远:《镇坪强制引产事件终结 当事人获七万余元补助》,载财新网 2012 年 7 月 11 日,http://china.caixin.com/2012-07-11/100409832.html。

网页链接中已经标明上传日期的,可以不重复标明。例如,上例也可以写作:

任重远:《镇坪强制引产事件终结 当事人获七万余元补助》,载财新网,http://china.caixin.com/2012-07-11/100409832.html。

网页没有显示上传日期的,标注访问日期,详见下条。

54. 网络文献的访问日期

引用网络文献,一般不要求注明"访问日期"。网页没有显示上传日期,或者涉及动态页面,访问日期对查询结果有直接影响的,应当注明访问日期。

作者曾多次访问同一网页的,一般只写最后访问日期。访问日期写在网页链接之后,格式为"×年×月×日访问",不写"最后访问"。例如:

法国最高行政法院网站,https://conseil-etat.fr/zh,2024 年 10 月 8 日访问。

中国人大网"已结束的征求意见"栏目,http://www.npc.gov.cn/flcaw/more.html,2020 年 2 月 28 日访问。

55. 网络文献的链接

引用网络文献,根据情况标明网页链接。网页链接一般采用 http:// 或者 https:// 格式,确保信息真实、完整。网页链接过长的,不标注网页链接。[1]

作者写作时,网页链接信息不断行;编辑出版时,为照顾排版需要,可以断行。

56. 博客、微博、微信公众号和 App

博客、微博、微信公众号、App 等新媒体是当代社会重要的信息来源,在特定情况下可以引用,但应非常谨慎。[2]引用原则上限于原创文章,引用者宜通过截屏等方式保存

---

〔1〕 例如,微信公众号"中国法律评论"2018 年的一篇文章《八品法曹:一名基层法官眼里好律师的样子》,其链接为:https://mp.weixin.qq.com/s?__biz=MzA5NDI0MzgyMA==&mid=2651884643&idx=1&sn=15974c37c3b47d7cd6f9bd1701637556&chksm=8bb5b2e0bcc23bf68b2977e08b886bf9b2ba54be084f461ac0b7039514c79fcc03b67c214689&scene=0&key=0061820b7e211c2752436529baafa7e8216585fd1c90fa5fbc4a590cde3116651e9766983f3002fe04e2d3c7c26218482e2842c7a3d915ff8759d5dba3b4146eafe40f09a6a173829f5849a55d2f6bd3&ascene=1&uin=MTQ2MjMxNDk2Mg%3D%3D&devicetype=Windows+10&version=62060739&lang=zh_CN&pass_ticket=Qr0cX6LB%2FUHoeuQpsNGXNc9XD9XZgwzM1N4L0%2Fo051MtjXwzlBLBTzLiXNiiSZic。

〔2〕 例如,由贵州省人民检察院牵头、省有关部门组成的联合调查组对网传"企业家讨薪被捕"进行调查,并在微信平台贵州省人民政府新闻办公室官方账号"贵州发布"上发布了《情况通报》,新华网、央视网、《检察日报》等媒体的报道均转载自该消息。在此情况下,引用微信公众号"贵州发布"是适宜的。参见贵州省联合调查组:《情况通报》,载微信公众号"贵州发布"2024 年 6 月 6 日,https://mp.weixin.qq.com/s/aAU3zNeFv_xmIY0T6s2qJg。

相关信息。

(1)引用博客上的文章,应当标明作者、文章名、博客名称、上传日期和网页链接。例如:

黄晓磊:《再说博客文章被正式引用》,载科学网博客2012年3月23日,http://blog.sciencenet.cn/blog-111883-550928.html。

(2)引用微博上的文章,应当标明微博账号、上传日期和网页链接。微博账号、上传日期和网页链接之间,用逗号隔开。例如:

新浪微博 xiaolwl,2020年1月31日,https://weibo.com/1139098205/4466768535861595。

(3)引用微信公众号上的文章,应当标明作者、文章名、微信公众号名称和上传日期,不要求标注网页链接。例如:

刘松山:《失信惩戒立法的三大问题》,载微信公众号"中国法律评论"2019年11月19日。

(4)引用App上的文章,应当标明App名称和上传日期。例如:

莫纪宏:《论"中国式现代化"的法治保障》,载"学习强国"App 2024年6月21日。

57. 广播电视节目

引用广播电视节目,应当标明广播电台、电视台和广播电视栏目名称、播出时间;必要时,可以标明节目主持人姓名;可能的话,标明该广播电视节目在互联网上的链接。例如:

白岩松主持:《新型冠状病毒肺炎,情况如何?》,中央电视台"新闻1+1"栏目2020年1月20日播出,http://tv.cctv.com/2020/01/20/VIDECRZF7PWXb80z86QyB0db200120.shtml。

58. 音像制品

引用CD、DVD等介质的音像制品,应当标明其名称、制作单位和出版时间。

(三)引用未发表文献

59. 引用未发表文献的原则

引用未发表文献应当特别谨慎。除了考虑论证的需要和文献本身的可信度,还要考虑文献的私密程度和当事人的处境,避免给当事人造成伤害。

60. 访谈

引用访谈应当事先征得被访谈人同意,并标明访谈的时间、地点或者方式。例如:

笔者与×××访谈,2000年3月22日,《最高人民法院公报》编辑部。

笔者电话访谈,2001年3月8日。

61. 私人通讯

引用私人通讯应征得对方同意,并标明通讯方式和通讯时间。例如:

王名扬教授给笔者的电子邮件,2002年3月8日。

因为对方已经去世等特殊原因无法征得对方同意,又确有必要引用的,应当考虑法律规定和学术诚信的要求,慎重决定是否引用。

62. 内部资料

引用未发表的工作报告、调研报告或者口头讲话,原则上应征得当事人同意,并适当注明文献产生、保管或者公开的时间、地点和方式。例如:

上海市浦东新区人民法院行政审判庭:《2001年行政庭工作总结》。

全国人大常委会法工委行政诉讼法修改座谈会,2009年1月21日,河南大厦(北京)。

内部资料涉及国家秘密的,不得引用。涉及商业秘密、个人隐私等公开后会对第三方合法权益造成损害的,原则上不得引用；确需引用的，应当对敏感信息作相应处理。

63. 会议论文

引用未发表的会议论文，一般应当经作者同意。如果会议论文明确要求"请勿援引"，则不应援引，除非得到作者特别许可。

引用会议论文，应当注明会议名称、举办单位、时间、地点等会议信息；学术团体持续举行的年会，时间、地点可以从略。例如：

习超：《证券监管有偏私吗？》，清华大学法学院、社会科学学院、数据科学研究院"迈向数据法学"研讨会会议论文，2017年12月23日于北京。

姜明安：《新时代中国行政法学的转型与使命》，中国法学会行政法学研究会2018年年会论文。

陈鹏：《基本权利保障中的法律保留：历史变迁与本土建构》，载《第五届中国宪法学青年论坛会议论文集》，2022年8月于苏州大学，第118页。

从实际情况看，绝大多数会议论文会正式发表，有的甚至在提交会议时就已经发表。如果会议论文已经发表，原则上应当引用发表的版本。是否已经发表，引用者有义务进行检索，或者联系并询问被引文献的作者。前引的三篇论文仅作引注格式示例。

64. 学位论文

引用已公开的学位论文,无须经过作者同意。引用时,应当标明学位授予单位、答辩年份和学位层级。引用论文特定部分的内容,应当标明页码或者章节。例如:

李松锋:《游走在上帝与凯撒之间——美国宪法第一修正案中的政教关系研究》,中国政法大学 2013 年博士学位论文,第 30 页。

学位论文已经发表或者修改后发表的,一般应当引用发表后的文献。

65. 档案文献

引用档案文献,应标明作者、文献名称、形成时间、保管机构、档案编号。例如:

雷经天:《关于边区司法工作检查情形》(1943 年 9 月 3 日),陕西省档案馆陕甘宁边区高等法院档案,档案号 15/149。

(四)引用法律文件

66. 引用法律文件的一般规范

引用法律文件应当真实、准确,严禁杜撰,谨防误写。国家机构名称、法律文件或官方出版物名称较长的,可以在不妨碍理解的情况下,直接使用约定俗成的简称,无须特别说明。例如,全国人民代表大会常务委员会简称"全国人大常委会",《中华人民共和国民法典》简称"《民法典》",《中华人民共和国最高人民法院公报》简称"《最高人民法院公报》"。

A. 法律法规规章

67. 法律法规规章的名称

(1)法律文件名称用书名号

法律文件名称应加书名号。法律文件名称中的"试行""草案",以及刑法修正案中的序号,应当视为法律文件名称的一部分,括注于书名号内。例如:

《中华人民共和国民事诉讼法(试行)》,或者《民事诉讼法(试行)》

《中华人民共和国刑法修正案(十)》,或者《刑法修正案(十)》

(2)法律文件名称省略"中华人民共和国"

在不引起误解的情况下,法律文件名称中的"中华人民共和国"可以省略,无须特别说明。例如,《中华人民共和国治安管理处罚法》直接略写为"《治安管理处罚法》"。

法律文件名称包含的其他文件名中的"中华人民共和国",不略写。例如,《最高人民法院关于适用〈中华人民共和国刑事诉讼法〉的解释》不略写为"《最高人民法院关于适用〈刑事诉讼法〉的解释》"。

(3) 法律文件名称的进一步省略

法律文件名称较长,文中反复提及,需要在前述规则基础上进一步省略的,可以使用业内通行的简称。使用业内通行简称的,必须在该文件名称第一次出现时予以说明,括注"以下简称《×××》"。法律文件的简称仍用书名号。例如:

2019年,最高人民法院以会议纪要的形式下发了第九次全国法院民商事审判工作会议关于如何统一裁判尺度的意见,即《全国法院民商事审判工作会议纪要》(法〔2019〕254号,以下简称《九民纪要》)。

《最高人民法院关于适用〈中华人民共和国行政诉讼法〉的解释》(法释〔2018〕1号,以下简称《行诉法解释》)。

使用简称应当兼顾行文简省和表述自然。通常情况下,不建议使用过于简略的指称。例如,把《治安管理处罚法》说成《处罚法》《治管法》,把《民法总则》说成《民总》。论著标题和摘要中法律文件名称是否使用简称,宜根据情境确定,以不妨碍理解为前提。

68. 法律法规规章的制定机关

(1) 援引最高立法机关通过的法律条文,一般只需提及法律的名称和条文序数,不必详细标明通过该法律的会议届次和日期、主席令发布日期、施行日期等信息,更不必标明载于哪个出版社的哪本书上。例如:

《行政处罚法》第 32 条。

(2)引用全国人大及其常委会通过的法律性质的决定,应当标明决定机关、决定名称、决定时间和会议届次。例如:

《全国人民代表大会常务委员会关于严禁卖淫嫖娼的决定》,1991 年 9 月 1 日第七届全国人大常委会第二十一次会议通过。

(3)援引法规规章的条文,参照法律条文的援引方式。必要时,可以进一步标明该法规规章的制定机关和年份。制定机关与文件名称之间,不加冒号。例如:

《中华人民共和国增值税条例(草案)》,1984 年 9 月 18 日国务院发布。

公安部《公安机关办理行政案件程序规定》(2006 年修订)第 9 条。

69. 法律法规规章的版本

(1)引用经过修改的法律文件,应当注明所引法律文件的修改年份,除非正文已经交代或者根据情境不难判断。

例如：

《公司法》(2005 年修订) 第 16 条。

《公司法》(2013 年修正) 第 36 条。

(2) 引用已经失效的法律文件，应当予以注明，除非前文已经交代或者根据情境不难判断。例如：

《最高人民法院、最高人民检察院关于依法严惩破坏计划生育犯罪活动的通知》(法发〔1993〕36 号，已废止)

(3) 引用法律文件的草案，应当标注法律文件起草审议的阶段和时间。例如：

《行政复议法（修订草案）》，2022 年 10 月 27 日全国人大常委会第一次审议稿。

《行政复议法（修订草案）》，2023 年 8 月 16 日全国人大宪法和法律委员会、全国人大常委会法工委评估会讨论稿。

70. 法律法规规章的条款序数

(1) 为使行文简洁，法律文件的条、款、项、目序数采用阿拉伯数字，序数中的括号省略。例如：

《民法典》第 1224 条第 1 款第 2 项

《行政诉讼法》(1989 年) 第 54 条第 2 项第 3 目

《最高人民法院关于适用〈中华人民共和国刑事诉讼

法〉的解释》第 138、139 条

（2）法律增订条文中的"之一""之二"等，不改为阿拉伯数字。例如：

《刑法》第 17 条之一

（3）法律文件名称中的条款序数从原文，不改为阿拉伯数字。例如：

《最高人民法院关于适用刑法第六十四条有关问题的批复》

《全国人民代表大会常务委员会关于〈中华人民共和国民法通则〉第九十九条第一款、〈中华人民共和国婚姻法〉第二十二条的解释》

71. 法律法规规章条文的排版

除非必要，不大段引用法条原文。

法律法规规章条文包含多个款项，确需完整引用原文并且突出内容的，可以将相关款项单独排列、分段分行。一般情况下，建议按款分别引用；需要合并引用的，条文各款之间可以不分行，用两个字的空格代替；各项之间不分行，也不用空格。例如：

《宪法》第 12 条规定："社会主义的公共财产神圣不可侵犯。　　国家保护社会主义的公共财产。禁止任何组织或者个人用任何手段侵占或者破坏国家的和集体的财产。"

《刑法》第 54 条规定:"剥夺政治权利是剥夺下列权利:(一)选举权和被选举权;(二)言论、出版、集会、结社、游行、示威自由的权利;(三)担任国家机关职务的权利;(四)担任国有公司、企业、事业单位和人民团体领导职务的权利。"

B. 规范性文件

72. 引用规范性文件的一般格式

引用规范性文件,应当标明该文件的制定机关、文件名称和文号;没有公布文号或者有其他必要时,标明发布日期。规范性文件的名称加书名号。例如:

《最高人民法院关于适用〈中华人民共和国行政诉讼法〉的解释》(法释[2018]1 号),第 100 条。

73. 规范性文件的制定机关

规范性文件的名称包括制定机关的,制定机关放在书名号内;否则,制定机关放在书名号前。例如,国务院以"国发"文件的形式发布了《国务院关于印发打赢蓝天保卫战三年行动计划的通知》,其中的《打赢蓝天保卫战三年行动计划》系该通知的附件。引用该行动计划时,可写为:

国务院发布的《打赢蓝天保卫战三年行动计划》(国发〔2018〕22号)

两个以上机关联合制定的规范性文件,制定机关之间用顿号连接;规范性文件的制定机关在排版时使用断行或者空格的,引用时仍用顿号。例如:

《中共中央、国务院关于加快建设全国统一大市场的意见》

由多个机关联合制定的规范性文件,可以只写牵头制定的机关,后缀"等×部委""等×部门"等表述。〔3〕 例如:

商务部等九部门联合发布的《关于拓展跨境电商出口推进海外仓建设的意见》

74. 规范性文件的文号

规范性文件发文字号中的年份用六角括号〔 〕标注。早期规范性文件的文号,年份以圆括号( )、方括号[ ]、方头括号【 】标注的,统一为六角括号〔 〕。例如:

《最高人民法院关于雇工合同"工伤概不负责"是否有效的批复》,〔88〕民他字第1号,1988年10月14日发布。

---

〔3〕 文件制定机关均为国务院组成部门的,称"部委";文件制定机关中有国务院直属机构、议事协调机构、党的机关、社会团体的,以"部门"泛指。

文号在文件名称之后,用逗号分隔,也可以用圆括号( )括注。叙述中提及规范性文件具体内容的,为使行文紧凑,在文件名称之后括注文号,不用逗号分隔。例如:

《国务院关于在全国建立农村最低生活保障制度的通知》,国发〔2007〕19号。

《国务院关于在全国建立农村最低生活保障制度的通知》(国发〔2007〕19号)要求,"2007年在全国建立农村最低生活保障制度"。

75. 规范性文件的分节

有的规范性文件篇幅较长,引用其中特定内容时,应当指明特定内容所在位置。实践中,规范性文件正文各部分的区分方法尚未统一,有的分条款(标明"第×条"),有的分节和小节[即用"一、""(一)"分节,见图3],也有的节下分点(点用阿拉伯数字)。文件分条款的,引用时写"第×条第×款";原文写"一、""二、",没有标示"条"或者"节"的,建议引用时写"第×节第×小节"。例如:

《国务院关于在全国建立农村最低生活保障制度的通知》(国发〔2007〕19号),第四节第一小节。

> 四、规范农村最低生活保障管理
>
> 农村最低生活保障的管理既要严格规范,又要从农村实际出发,采取简便易行的方法。
>
> (一)申请、审核和审批。申请农村最低生活保障,一般由户主本人向户籍所在地的乡(镇)人民政府提出申请;村民委员会受乡(镇)人民政府委托,也可受理申请。受乡(镇)人民政府委托,在村党组织的领导下,村民委员会对申请人开展家庭经济状况调查、组织村民会议或村民代表会议民主评议后提出初步意见,报乡(镇)人民政府;乡(镇)人民政府审核后,报县级人民政府民政部门审批。乡(镇)人民政府和县级人民政府民政部门要核查申请人的家庭收入,了解其家庭财产、劳动力状况和实际生活水平,并结合村民民主评议,提出审核、审批意见。在核算申请人家庭收入时,申请人家庭按国家规定所获得的优待抚恤金、计划生育奖励与扶助金以及教育、见义勇为等方面的奖励性补助,一般不计入家庭收入,具体核算办法由地方人民政府确定。

图 3　规范性文件的节与小节

76. 规范性文件的出处

一些较早时期发布的规范性文件,读者难以查找的,最好进一步标明可供查阅的载体。例如:

《司法部关于可否张贴判决书及应注意事项的批复》(1956 年 8 月 24 日),载中华人民共和国司法部编:《中华人民共和国司法行政历史文件汇编(1950—1985)》,法律出版社 1987 年版,第 655 页。

通过官方网站发布的规范性文件,为便利读者查找,也可进一步标明官方网站的链接。例如:

《中共中央、国务院关于实施就业优先战略促进高质量充分就业的意见》,2024 年 9 月 15 日,https://www.gov.cn/zhengce/202409/content_6976469.htm。

C. 其他官方文件

77. 国家标准

引用国家标准,写明发布机关、标准名称和标准号;必要时,注明发布时间。例如:

国家质量监督检验检疫总局、中国国家标准化管理委员会《信息与文献 参考文献著录规则》,GB/T 7714—2015。

78. 会议决议

引用中国共产党全国代表大会、中央委员会的会议决议,应写明决议名称、决议作出时间和决议机关。会议决议有单行本出版的,内容以单行本为准。例如:

《中共中央关于全面推进依法治国若干重大问题的决定》,2014 年 10 月 23 日中国共产党第十八届中央委员会第四次全体会议通过。

《中共中央关于制定国民经济和社会发展第十四个五年规划和二〇三五年远景目标的建议》,2020 年 10 月 29 日中国共产党第十九届中央委员会第五次全体会议通过。

引用全国人大及其常委会的决议,应当写明决议名称、决议作出时间和决议机关。会议决议在官方公报刊登的,内容以官方公报为准。例如:

《中华人民共和国国民经济和社会发展第十四个五年规划和2035年远景目标纲要》,2021年3月11日第十三届全国人民代表大会第四次会议批准。

《全国人民代表大会常务委员会关于授权上海市人民代表大会及其常务委员会制定浦东新区法规的决定》,2021年6月10日第十三届全国人大常委会第二十九次会议通过。

79. 会议报告

引用中国共产党全国代表大会、全国人大及其常委会等会议上的报告,应当写明报告人、报告标题、报告日期和会议名称;必要时,可以进一步注明出版信息、官方公报、官方网站的链接等。会议报告经正式出版的,报告内容以出版的版本为准。需要强调报告人身份时,可以用括号标明报告人的身份。报告人与报告标题之间,用冒号间隔。报告中标示会议名称的题注,不放在书名号内。例如:

习近平:《高举中国特色社会主义伟大旗帜 为全面建设社会主义现代化国家而团结奋斗》,2022年10月16日在中国共产党第二十次全国代表大会上的报告。

李克强:《政府工作报告》,2023年3月5日在第十四届全国人民代表大会第一次会议上,载《国务院公报》2023年第8号。

周强(最高人民法院院长):《关于〈中华人民共和国民事诉讼法(修正草案)〉的说明》,2022年12月27日在第十三届全国人大常委会第三十八次会议上,http://www.npc.gov.cn/c2/c30834/202309/t20230906_431582.html。

80. 白皮书

白皮书,即官方机构就某一重要政策措施、法律制度或者实施情况向外界所作的说明。引用白皮书,应当标明发布机关、白皮书名称、发布日期,以及官方网站的链接;正式出版的,可以进一步提供出版信息。例如:

国务院新闻办公室:《新时代的中国网络法治建设》,2023年3月16日发布,https://www.gov.cn/zhengce/2023-03/16/content_5747005.htm。

最高人民法院:《中国法院的司法改革(2013—2022)》,2023年2月21日发布,人民法院出版社2023年版。

D. 港澳台法律文件

81. 香港法律文件

引用香港特别行政区的法律文件,包括法例、附属法例和政策文件,文件名称用简体中文,加书名号。法例和附属法例可标明其在香港法例汇编中的章号,或者该法例在立法机关通过时的年份、名称和法例号码,该附属法例在《香港特别行政区政府宪报》公布时的法律公告号码;政策文件宜标明制定机关和制定年份。为方便读者查找,可以加上官方网站的链接。例如:

《刑事上诉规则》(香港法例第221A章),第42(3)条。

《维护国家安全(中央人民政府驻香港特别行政区维护国家安全公署)规例》,2025年第77号法律公告。

香港法律改革委员会报告书《香港的刑事责任年龄》,2000年5月,第3.47-3.50段,https://www.hkreform.gov.hk/tc/publications/rage.htm。

82. 澳门法律文件

引用澳门特别行政区的法律文件,包括法律、法令、行政法规和其他规范性文件,文件名称用简体中文,加书名号;根据需要,标明制定机关、制定年份和文件编号。为方便读者查找,可以加上官方网站的链接。例如:

《澳门特别行政区廉政公署组织法》(第 17/2024 号法律修改),第 4 条第 8 项,https://bo.io.gov.mo/bo/i/2024/35/lei17_cn.asp。

83. 台湾地区的法律文件

引用我国台湾地区的法律文件,应当根据情境注明"我国台湾地区"或者"台湾地区"。对于台湾当局及所属机构法律文件的制定机关和名称,应当根据情况作变通处理,无法作变通处理的加引号。例如:

我国台湾地区"民法"规定:"满二十岁为成年。"该条于 2021 年修正,改为"满十八岁为成年"。

驾驶人无过失及情节轻微之肇事逃逸案,"司法院大法官"释字第 777 号,2019 年 5 月 31 日公布。

E. 外国和国际法律文件

84. 外国法律

(1)引用外国法律的中文版本,视情况标明国别和年份。法律名称加书名号,约定俗成的简称除外,如"美国宪法第十四修正案"。国别一般置于书名号之前,但国别是法律文件名称一部分的除外,如《法国民法典》。一般格式如下:

英国《1996 年仲裁法》

美国《统一买卖法》(1906 年),或者美国 1906 年《统一买卖法》

(2)引用外国法律的中文版本,必要时可以括注外文。例如:

英国《1996 年仲裁法》(Arbitration Act 1996)

(3)引用外国法律的特定译本,一般应当注明译者和出版信息。例如:

陈卫佐译注:《德国民法典》(第 5 版),法律出版社 2020 年版,第 1408 条"夫妻财产合同、契约自由"。

《美国法典·宪法行政法卷》,中国社会科学出版社 1993 年版,第 276 页(第 554 条"裁决",何家弘译)。

(4)引用外国法律的中文版本,条文序数原则上用阿拉伯数字,款项依习惯用数字或者字母。外国法律增订条文中的"之一""之二",不改为阿拉伯数字。

85. 国际公约

引用国际公约的中文版本,国际公约名称加书名号。国际组织名称一般置于书名号之前,但国际组织名称构成法律文件名称一部分的除外。例如:

联合国《儿童权利公约》

《联合国海洋法公约》

引用国际公约的中文版本,无须注明译者和出版信息;必要时,可以括注外文。例如:

《联合国海洋法公约》(United Nations Convention on the Law of the Sea)

国际公约的条文序数原则上用阿拉伯数字,款项依习惯用数字或者字母。

86. 联合国文件

引用联合国文件,一般应当标明文件名称(如果有)、文件通过或者发布的机构、文件编号和文件通过或者发布的时间;必要时,可以提供联合国机构的网页链接。例如:

《世界人权宣言》,联合国大会决议,217A(Ⅲ),1948年12月10日通过。

《全球努力打击恐怖主义的宣言》,联合国安理会决议,S/RES/1377(2001),https://www.un.org/zh/documents/treaty/S-RES-1377-2001。

《和平纲领:预防性外交、建立和平与维持和平》,联合国秘书长报告,A/47/277,1992年6月17日。

(五)引用司法案例

87. 引用司法案例的一般规范

援引司法案例时,优先考虑援引裁判文书。

引用裁判文书,应当标明案例名称(如果正文未提及),并标注裁判机关、案号、文书类型;必要时,可以加上裁判时间或者案例来源。基本格式为:

苏嘉鸿诉中国证监会行政处罚案,北京市高级人民法院(2018)京行终445号行政判决书。

引用行政复议、行政处罚、仲裁案例,参照司法案例引用格式。例如:

苏嘉鸿不服中国证监会行政处罚行政复议案,中国证监会〔2017〕63号行政复议决定书。

苏嘉鸿内幕交易行政处罚案,中国证监会〔2016〕56号行政处罚决定书。

88. 案例名称

(1)民事案件和行政案件的名称,格式为"×××(原告)诉×××(被告)×××(案由)案"。刑事案件的名称,格式为"×××(被告人)×××(指控罪名)案"。

(2)案例名称中的当事人原则上用真名。为保护当事人隐私或者出于其他原因,可以使用化名或者作隐名处理。使用化名的,一般使用法院公布时或者媒体报道中的化名,并括注"化名";对当事人姓名作隐名处理的,参考人民法院案例库入库案例隐名规则。例如:

陈辉(化名)诉大庆日月星有限公司劳动争议案
车某玲诉朱某芳相邻关系纠纷案

(3)案例名称力求简洁明了,不必照抄原文。当事人一方有多人的,可以只写第一个当事人,其余用"等"或者"等×人"概括;案例名称不写第三人。案由从简,一般不写"××纠纷";根据上下文或者当事人信息可以推知案由的,可以完全省略案由。一般不写审级。例如:

刘燕文诉北京大学学位评定委员会案
沈希贤等182人诉北京市规划委员会建设工程规划许可案

(4)在前文有交代的情况下,案例名称可以用简称。简称一般用原告或者刑事被告人姓名,如"刘涌案""刘燕文案"。

(5)案例名称一般不加引号。在叙述过程中提及的广泛流传的非正式名称,加引号。例如:

"夹江打假案"
"许霆恶意取款案"

(6)使用非正式的案例名称,应当避免给读者造成误解。例如,被告人于欢因母亲遭人侮辱,愤而杀人,一些媒体将该案称为"于欢辱母杀人案",就是极不妥当的。

(7)正文已经说明案例名称的,脚注不再重复。

89. 案号

裁判文书一般应注明审判法院名称、案号和文书类型。审判法院用全称,案号中的年份加圆括号( )。案号一般置于文书类型之前。例如:

北京市海淀区人民法院(1998)海行初字第 142 号行政判决书

自 2016 年起,法院启用了新的案号管理规定。〔4〕 此前案号中,法院代字后带"字"、案件编号前用"第",现行案号不带"字""第",引用时从裁判文书原文。在现行案号管理规定下,法院代码开头的"0"不能省略。实践中,有的法院案件编号开头带有多个"0",引用时可以不写"0"。例如,北京市海淀区人民法院(法院代码为"京 0108")2018 年第 00142 号民事判决书,写作:

北京市海淀区人民法院(2018)京 0108 民初 142 号民事判决书

---

〔4〕 最高人民法院《关于人民法院案件案号的若干规定》,法〔2015〕137 号。2018 年 12 月 7 日,最高人民法院下发通知,对部分条款的内容作了调整。

90. 案例来源

引用权威来源的案例,如指导性案例、公报案例、人民法院案例库案例等,可以不再援引裁判文书。裁判文书未公布,作者找不到裁判文书的,可以援引媒体报道、案例选编等其他来源;作者能够找到相应裁判文书,但一般读者不易找到的,可以同时提供方便查找的来源。

(1)最高人民法院、最高人民检察院发布的指导性案例,一般只标注发布机关、指导性案例的序号,并用括号标注发布年份。例如:

荣宝英诉王阳、永诚财产保险股份有限公司江阴支公司机动车交通事故责任纠纷案,最高人民法院指导案例24号(2014年)。

(2)《最高人民法院公报》上的案例,可以只援引公报,不再援引裁判文书(除非需要进行文本比较)。例如:

陆红霞诉南通市发展和改革委员会政府信息公开答复案,载《最高人民法院公报》2015年第11期。

(3)引用"人民法院案例库"中的案例,标明案例名称和入库编号。例如:

车某玲诉朱某芳相邻关系纠纷案,人民法院案例库2024-18-2-053-001。

(4) 引用媒体报道的案例,应标明媒体报道信息。例如:

谢文彬诉广东省司法厅案,参见李桂茹、孔献之:《七旬律师被判可以执业〈律师法〉赢了司法部文件》,载《中国青年报》2003年6月4日,第7版。

(5) 引用已经出版的案例选编上的案例,应标明案例选编的出版信息。例如:

宁德市大众影院诉宁德地区工商行政管理局行政处罚案,载最高人民法院中国应用法学研究所编:《人民法院案例选(1992—1999年合订本)·行政卷》,中国法制出版社2000年版,案例51。

91. 裁判时间

裁判时间一般无须标明。确有必要时,例如裁判年份与立案年份不一致或者讨论涉及裁判时间的,可以标明裁判时间。裁判时间以裁判文书落款时间为准。例如:

榆林市凯奇莱能源投资有限公司诉西安地质矿产勘查开发院合作勘查合同纠纷上诉案,最高人民法院(2011)民一终字第81号民事判决书,2017年12月16日。

(六)引用统计数据

92. 应当标明出处的统计数据

(1)除业内周知的事实外,统计数据应当标明出处。例如:

> 与每年 400 万到 600 万件涉及行政争议的信访案件相比,行政诉讼案件简直微不足道。⑦与国外相比,中国的行政诉讼案件也是少得出奇:法国六千万人口,地方行政法院一年受理的案件也近 20 万⑧;德国八千万人口,几套法院一年受理的各类行政性案件更是高达 50 万左右⑨。

---

⑦ 参见孙乾:《"民告官"信访案件年超 400 万件》,载《京华时报》2014 年 11 月 5 日,第 3 版。

⑧ 参见法国最高行政法院网站,http://english.conseil-etat.fr/Judging,2016 年 12 月 18 日访问。

⑨ 参见刘飞:《德国公法权利救济制度》,北京大学出版社 2009 年版,第 69-70 页。如果只看普通行政法院审理的一审案件数量,则只有 20 万件左右。

(2)作者通过自己调研、计算获得的数据,应该说明数据来源;必要时,说明检索方法。例如:

> 权利保护正成为这个时代的重要话语。在公法领域,光是用"有权""权利"的表述确认公民、组织权利的法律条款,至 2023 年底达 240 多条。⑩检索"北大法宝"数据

库,在 380 余万份行政裁判文书中,"权利"一词出现在 101 万份文书中,远多于"职权"一词的频率(63 万份)。[11]

---

[10] 检索时间为 2024 年 3 月。检索范围为国家法律法规数据库中的法律,检索词为"有权""权利"。检索后通过人工阅读,排除民事法律,排除"有权机关"等不相关含义,排除法律修改导致的不同文本内容重复的条款。

[11] 检索时间为 2024 年 3 月 14 日。

93. 引用统计数据的要求

统计数据的来源应当可靠,数据应当合理。对于来源不尽可靠、数据不尽合理的,应当作出解释和评估。

同一篇文章的多个统计数据来源相同的,可以在导论中或者第一次出现时概括介绍,此后不再一一叙明。

统计数据的精确程度,应当根据文章主题和数据质量而定。本来就无法精确的事实,不必以貌似精确的数字来说明。例如,"在前述 175 个案例中,原告胜诉的案例占 11.82%"。由于样本量偏小、代表性不足,这里精确到小数点后实际意义不大,精确到小数点后第二位更是没有意义。

94. 统计数据的图表呈现

为更加直观地呈现统计数据,可以使用图表。

图表内容应当与统计数据相符,力求直观和美观。

图表在正文中的位置,遵循"先文后图(表),图(表)随文走,图(表)文呼应"的原则。

图表应有标题。图的标题,位于图下;表的标题,位于表上。图表应当依序编号,序号使用阿拉伯数字。图表的序号之后空两个字符(不加冒号),然后接续标题。

三、外文引注体例

(一)引用外文文献的一般规范

95. 引用外文文献的原则

引用外文文献,本手册没有具体说明的,参照手册确立的引注原则和该语种文献的通行体例;没有通行体例的,参酌使用其中一种相近体例。

引用外文文献时,外文文献一般不作翻译;考虑中国读者的知识结构,可以对文献作必要的说明,谨慎使用缩略语。

相关外文文献有中文译本的,优先引用中文译本,或者在引用外文文献时提示中文译本。中文译本翻译不够理想、版本已经过时或者有其他原因的,可以不引、不提中文译本。

引用外文网络文献应当谨慎。相关文献有纸质版本的,优先引用纸质版本;没有纸质版本或者作者无法获取纸质版本,而又有引用必要的,可以提供网络版本。读者不易查找的纸质文献,有网络版本的,可以在标明其正式来源的同时提供网页链接。

96. 外文文献中的人名

外文文献中的人名,采用"名从主人"原则,即尊重作者的署名方式,原则上完整引用。例如,哈佛大学安守廉教授在发表英文文献时多署 William P. Alford,香港大学陈弘毅教授在发表英文文献时习惯署 Albert H. Y. Chen,引用文献时从其自署。

引用外文文献时,人名中姓和名的次序采用该语种的自然顺序。姓在前、名在后、中间加逗号,是排列参考文献的通常做法,不是引注信息的合适写法。例如,在引用 William P. Alford 时,不能写成"Alford, William P."。

华人作者的姓名,原则上遵从作者在文献中的写法。外文文献中作者姓在前、名在后的,引用时,姓氏采用大写字母或者小型大写字母[5]。例如,张力写作 ZHANG Li(大写字母)或者 ZHANG Li(小型大写字母),而不是 Zhang Li 或者 Li Zhang。名包含两个或者三个字的,引用时,名的

---

〔5〕 小型大写字母(small capitals)是西文字体设计中的一种字符形式,即全部字母大写,但首字母字形较大,其余字母字形较小。在 Word 文档中,选中需要采用小型大写字母的单词,然后点击右键或者"开始"窗格,依次进入"字体—效果—小型大写字母",在方框中勾选。以后再需要小型大写字母的地方,可以使用格式刷。另一种处理方式则为:全部字母大写,然后把首字母以外的字母字号缩小。

拼音合写为一个单词;复姓连写,中间加连接号。例如,何海波写作 Hᴇ Haibo,不写 He Hai Bo;上官丕亮写作 Sʜᴀɴɢ-ɢᴜᴀɴ Piliang,不写 Sʜᴀɴɢɢᴜᴀɴ Piliang。

97. 外文文献的缩写

外文文献中特别冗长的姓名,在不引起误解的情况下,可以缩写。例如 Лев Николаевич Толстой,即列夫·尼古拉耶维奇·托尔斯泰,名字可以简写成 Лев Н. Толстой;必要时,可以进一步省略,写成 Л. Толстой。

引用外文报刊文献时,为便于中国读者理解,报刊名称一般写全称,慎用简称。例如,American Journal of Comparative Law 不写成 Am. J. Comp. L. 或者 AJCL;日本的『民商法雑誌』,不写成"民商"。

引用法规、案例缩写的,建议采用容易辨识原文的缩写方式。例如,盛行于普通法世界的案例报告 The English Reports,引用时有写 ER 的,有写 Eng. Rep. 的;Eng. Rep. 更易辨识,建议使用。

98. 外文文献的翻译

引用外文文献,文献信息一般不翻译成中文,而直接使用外文;必要时,可以加中文说明或者评论。

翻译外文著作时,原文注释中的文献信息一般不翻译成中文;注释中的说明性、评论性文字,应当翻译成中文。

(二)英文引注体例

99. 英文文献的引领词

概括引用英文文献,用 See 表示"参见",also see 表示"又见"。直接引用原文,或者引用法规条文,省略 See。

所引文献来源于某本图书,用 in 表示"载于"。

再次引用同一文献,用 supra 表示"前引"。

100. 引用英文网络文献

(1)引用英文网络文献,在作者、文献名之后,标明网站名、上传日期和网页链接。例如:

Stephen McDonell, *When China Began Streaming Trials Online*, BBC News (30 September 2016), https://www.bbc.com/news/blogs-china-blog-37515399.

(2)网页没有显示上传日期,或者标示上传日期没有意义的,在网页链接后标明访问日期。例如:

Members and Observers of the WTO, https://www.wto.org/english/thewto_e/whatis_e/tif_e/org6_e.htm, visited on 8 October 2024.

(3)读者不易查找的纸质文献,有网络版本的,可以同时提供网页链接。例如:

William Sharp McKechnie, *Magna Carta: A Commentary on the Great Charter of King John* (2nd ed.), James MacLehose and Sons, 1914, also see Online Library of Liberty, http://oll.libertyfund.org/titles/mckechnie-magna-carta-a-commentary.

101. 再次引用英文文献

(1) 再次引用英文学术文献

再次引用英文学术文献,在不引起误解的情况下,作者可以只写姓氏,文献名和文献来源信息省略,用 supra 引领上一条文献,并标明上一条文献的序号。例如:

〔11〕William P. Alford, *To Steal a Book Is an Elegant Offense: Intellectual Property Law in Chinese Civilization*, Stanford University Press, 1995, p. 98.

〔18〕Alford, supra note 11, p. 110.

所引文献中同一姓氏如果有不同的人,再次引用时,应标明作者名或者作者名的首字母,以示区别;所引同一作者如果有多篇文献,再次引用时,应当标明所引文献的名称(可以省略文献副标题)。例如:

〔18〕Alford, *To Steal a Book Is an Elegant Offense*, supra note 11, p. 110.

引用的文献与上一个引注的文献相同,并且没有其他

文献干扰的,用"Ibid."。例如:

〔11〕William P. Alford, *To Steal a Book Is an Elegant Offense: Intellectual Property Law in Chinese Civilization*, Stanford University Press, 1995, p. 98.

〔12〕Ibid., p. 106.

(2)再次引用英文法规或者案例

再次引用英文法规或者案例,可以只标明法规或者案例的名称,省略法规编号和来源信息。如果法规第一次出现时,已经标注首字母缩写,再次引用时可以仅标注首字母缩写。例如:

〔13〕General Data Protection Regulation (GDPR), (EU) 2016/679.

〔19〕GDPR, art. 60.

A. 英文著作

102. 英文著作的作者

(1)英文著作(包括图书和文章)作者的姓名,一般名在前、姓在后,首字母大写。中间名缩写的,首字母后加实心点,与后面空一格。例如:

William P. Alford, *To Steal a Book Is an Elegant Offense: Intellectual Property Law in Chinese Civilization*, Stanford University Press, 1995, p. 98-100.

（2）英文著作有两位作者的，用 & 连接；有三位作者的，分别用逗号和 & 连接；超过三位的，可以只写一到两位作者，后加 et al.。例如：

Thomas W. Merrill & Henry E. Smith, *The Property/Contract Interface*, 101 Columbia Law Review 773 (2001).

Stephen G. Breyer et al., *Administrative Law and Regulatory Policy: Problems, Text, and Cases* (9th ed.), Aspen Publishing, 2022.（注：该书有五位作者，分别为 Stephen G. Breyer、Richard B. Stewart、Cass R. Sunstein、Adrian Vermeule、Michael E. Herz）

（3）编辑作品，在编者之后加 ed.（编）或者 chief ed.（主编）；两人以上编辑的，在编者之后加 eds.。例如：

Bryan A. Garner chief ed., *Black's Law Dictionary* (12th ed.), Thomson Reuters, 2024.

Giovanni Antonelli, Tianbao Qin et al. eds., *Biodiversity Laws, Policies and Science in Europe, the United States and China*, Springer, 2024.

（4）翻译作品，在书名后、出版信息前，加译者信息。例如：

Jürgen Habermas, *Between Facts and Norms: Contributions to a Discourse Theory of Law and Democracy*, translated by

William Rehg, MIT Press, 1996, p. 330-336.

103. 英文著作的标题

被引文章标题和图书名称,实词首字母大写[6],斜体,不加引号。刊载被引文章的图书或者报刊的名称,实词首字母大写,但不用斜体。例如:

Charles A. Reich, *The New Property*, 73 Yale Law Journal 733, 737-738 (1964).

John O. Haley & Veronica Taylor, *Rule of Law in Japan*, in Randall Peerenboom ed., Asian Discourses of Rule of Law: Theories and Implementation of Rule of Law in Twelve Asian Countries, France and the U.S., RoutledgeCurzon, 2004.

104. 图书版本和出版信息

再版、修订版的,在书名后括注版次。例如:

A. V. Dicey, *An Introduction to the Study of the Law of the Constitution* (10th ed.), Palgrave Macmillan, 1985.

图书名称后加出版社和出版年份,出版社前不写地址。例如:

---

[6] 实词首字母大写,即名词、代词、动词、形容词、副词等实词的首字母大写,冠词、介词、连词等虚词的首字母不大写;但标题的第一个单词,无论是虚词还是实词,首字母都大写。

William P. Alford, *To Steal a Book Is an Elegant Offense: Intellectual Property Law in Chinese Civilization*, Stanford University Press, 1995, p. 98.

105. 学术期刊的卷次

英文学术期刊多为一卷多辑,页码连续;卷次有不同的标注方法,作者可以根据情况选择。下面是两种较为常见的方法。需要注意的是,无论采取哪种标注方法,在同一篇文章或者同一本书中都应当保持统一。

第一种:把期刊卷数和文章首页页码分别标注在期刊名称前后,出版年份括注于后。例如:

Charles A. Reich, *The New Property*, 73 Yale Law Journal 733 (1964).

第二种:在期刊名称之后写期刊卷数、文章相关内容所在页码,出版年份括注于后。例如:

Stephen J. Choi & A. C. Pritchard, *Behavioral Economics and the SEC*, Stanford Law Review, Vol. 56:1, p. 1–73 (2003).

106. 报纸杂志的日期

报纸杂志的出版日期采用"日—月—年"格式,如 15 June 1990,而不写 June 15, 1990。报纸可加版面信息,杂志可加具体页码。例如:

Andrew Rosenthal, *White House Tutors Kremlin in How a Presidency Works*, New York Times, 15 June 1990, at A1.

107. 英文著作的页码

引用图书和文章特定内容的,应当标注页码。

页码前一般加 p., p. 与标示页码的阿拉伯数字之间空一格。页码为复数的,也用 p., 不用 pp.。例如:

William P. Alford, *To Steal a Book Is an Elegant Offense: Intellectual Property Law in Chinese Civilization*, Stanford University Press, 1995, p. 98-100.

采用期刊卷数和文章首页页码分别标注在期刊名称前后格式的,文章特定内容的页码前不加 p., 逗号后直接写页码。例如:

Charles A. Reich, *The New Property*, 73 Yale Law Journal 733, 737-738 (1964).

用标注章节(Chap.)、段落(para.)等方式,能够更直观显示相关内容的,可以不标页码,标注章节或者段落。例如:

Vernon Bogdanor ed., *The British Constitution in the Twentioth Century*, Oxford University Press, 2003, Chap. 14 "The police".

B. 英文法律

108. 英国法律

引用英国法律,包括议会立法、枢密令、政府规章及其他法律文件,应标明法律名称和制定年份,根据需要标明条款或者编章序号。法律名称有法定简称(short title)的,用法定简称。年份一律用公元纪年,不用国王年号;年份与法律名称之间不加逗号。编章根据法规文本用 part、Chap.等表示,条文(section)用 s.表示,款和项的序号根据法规文本使用阿拉伯数字或者大小写字母;part、Chap.、s.后面空一格,条款项的序号之间不加空格。例如:

Human Rights Act 1998, s. 3(2)(b).

引用议会立法之外的法律文件,如枢密令、政府规章,建议加文件编号。例如:

Penalties for Disorderly Behaviour (Amendment of Minimum Age) Order 2004, SI 2004/3166.

为方便读者查阅,可以提供相关条文在 Halsbury's Statutes of England and Wales 等法律汇编中的信息,或者提供 legislation.gov.uk 等官方网站的链接。例如:

Law of Property Act 1925, § 44(1), 37 Hals. Stat. (4th ed.) 139.

Civil Procedure Rules 1998, s. 5.4C, https://www.legislation.gov.uk/uksi/1998/3132/contents.

109. 美国法律

美国联邦层面的立法有多种形式的载体：一是随时出版的单行本（slip laws）；二是按国会届别汇集、两年一卷的《法律大全》（Statutes at Large，缩写为 Stat.）；三是按法典体系汇编、六年一版的《美国法典》（United States Code，缩写为 U.S.C.）及其补充卷（Supp.）。引用来源多为第二、三种。

（1）引用美国《法律大全》，应标明法律名称、法律编号、条文序数、在《法律大全》中的卷次、页码以及年份。条文（section）一般用 § 表示。例如，1966 年的《交通部法》系第 89 届国会第 670 号法律，载《法律大全》第 80 卷（起始于第 931 页，所引第 9 条位于 944-947 页），引用时写作：

Department of Transportation Act, Pub. L. No. 89-670, § 9, 80 Stat. 931, 944-947 (1966).

法律编号一般情况下可以省略。省略后，前述信息写作：

Department of Transportation Act, § 9, 80 Stat. 931, 944-947 (1966).

（2）引用《美国法典》，应标明法律名称、在《美国法典》

中的卷次、条文序数以及年份。例如,《行政程序法》第 6 条收入 2006 年版《美国法典》第 5 卷,并重新编为第 555 条,引用时写作:

Administrative Procedure Act, 5 U.S.C. § 555 (2006).

英文法律名称省略开头的定冠词 The。如果官方发布的法律名称包含制定年份,可以加制定年份,如 Clean Air Act Amendments of 1977。法律名称可以根据语境,同时或者单独使用俗名。例如,1947 年《劳工关系法》广为使用的是其俗名"《塔夫脱—哈特莱法》"(Taft-Hartley Act),引用时可以写作:

Labor Management Relations (Taft-Hartley) Act, § 301(a), 29 U.S.C. § 185(a) (2012).

110. 欧盟法律

引用欧盟法律,包括条约、法规、指令等法律文件,应当标明法律文件名称、颁布年份和法规编号。为方便读者查阅,可以提供该条约、法规、指令在《欧盟公报》(Official Journal of the EU)上的信息,或者官方网站的链接。例如:

Consolidated Version of the Treaty on European Union [2008] OJ C115/13.

General Data Protection Regulation, (EU) 2016/679, Art. 60.

Directive of the European Parliament and of the Council Concerning Certain Aspects of the Organisation of Working Time, 2003/88/EC, https://eur-lex.europa.eu/eli/dir/2003/88/oj.

111. 联合国文件

中文是联合国的工作语言,引用联合国文件一般只需引用中文版本。确需引用英文版本时,一般应当标明通过或者制定文件的机构、文件名称(如果有)、文件编号、通过或者制定文件的日期。例如:

General Assembly Resolution, Universal Declaration of Human Rights, 217A (Ⅲ), 10 December 1948.

Security Council Resolutions, No. 338, 22 October 1973.

U.N. Secretary-General, An Agenda for Peace: Preventive Diplomacy, Peacemaking and Peace-Keeping, A/47/277, 17 June 1992.

C. 英文案例

112. 英文案例的一般格式

引用英文案例,应标明案例名称和案例来源。

案例名称一般由原告(上诉人)$v.$ 被告(被上诉人)构成,双方当事人名称首字母大写,$v.$用斜体。如果用一方当事人的名称足以辨识的,以后出现时可以只写一方当事人的名称,例如 the Chevron case。正文已经说明案例名称的,脚注不再重复。

案例来源根据各自的案例报告系统确定。

113. 英国法院案例汇编

英国法院案例来源比较繁杂,不同时期又有所区别,原则上,都应当引用权威的案例来源。

(1)早期案例汇编

英国早期的案例汇编均为私人编撰,引用时需根据具体情况而定。例如,被后世判决一再引用的巴格案,最早出现在柯克法官 1615 年的裁判集(Coke's Reports),20 世纪前期收入重新整理汇编的英国法院裁判集(The English Reports)。引用该案时,往往同时标注两个案例汇编,写成:

James Bagg's Case (1615) 11 Co. Rep. 93b, 77 Eng. Rep. 1271.

(2)官方案例汇编

1865 年后,英国建立了官方的案例报告系统(Law Reports)。该系统根据案件来源和审理法院,将案例分为 AC(Appeal Cases,即上议院司法委员会或者枢密院司法委员会审理的案件)、QB/KB(Queen's Bench 或 King's Bench,即来自高等法院王座法庭的案件,多由上诉法院审理)、Ch(Chancery,衡平案件)和 Fam(Family,家事案件)。引用案例特定

内容时,应加页码;必要时,可以括注撰写该裁判意见的法官。例如:

Ridge v. Baldwin［1964］AC 40.

R. v. Lord Chancellor, ex parte Witham［1998］QB 575, at 581E (per Laws J.).

(3)引用案号体系

2001年以后,英国创立了不依赖案例汇编、直接引用案号的方法,即 neutral citation。案号包括年份、法院名称、案件类型和案件编号。法院名称,如 UKHL(上议院,原终审法院)、UKSC(最高法院)、EWCA(英格兰和威尔士上诉法院)、EWHC(英格兰和威尔士高等法院);上诉法院审理的案件,分为民事案件(Civ)和刑事案件(Crim)。引用案例特定内容时,加段落序数;必要时,可以括注撰写该裁判意见的法官。例如:

Lloyd v. Google LLC［2019］EWCA Civ 1599, para. 30.

(4)其他案例汇编

在前述官方汇编和官方发布之外,WLR(Weekly Law Reports)、All ER(All England Law Reports)是长期以来广泛使用的两套案例汇编;此外,还有 Crim LR (Criminal Law Reports)、Lloyd's Rep (Lloyd's Law Reports)等不同专业领域的案例汇编。原则上,有官方报告的,优先引用官方报

告；没有官方报告的，引用 WLR、All ER 等汇编；没有官方报告也不在前述汇编中的，再引用新闻报道等其他来源。在有官方报告时，也可根据情况，同时引用 WLR、All ER 等汇编。例如：

Lloyd *v.* Google LLC［2019］EWCA Civ 1599,［2020］2 WLR 484.

114. 美国法院案例

美国法院案例分为联邦和州两个层面，这里只以联邦为例。

（1）引用美国联邦法院的案例，基本格式为：

Natural Resources Defense Council *v.* Gorsuch, 685 F.2d 718 (D.C. Cir. 1982); Chevron U.S.A., Inc. *v.* Natural Resources Defense Council, Inc., 467 U.S. 837 (1984).

F.2d 代表案例报告系统，即联邦法院案例汇编第 2 辑（收录 1924—1993 年间的案例）。括号中的 D.C. Cir.，指该判决系由位于首都华盛顿的哥伦比亚特区巡回上诉法院作出。

（2）确有必要的，可以同时援引几个不同的案例报告系统。例如：

Roe *v.* Wade, 410 U.S. 113, 93 S. Ct. 705, 35 L. Ed. 2d 147 (1973).

(3)尚未宣判的案件,可以只标注案件号和审理法院;必要时,标注起诉、受理、开庭日期。例如:

United States *v.* Dino Nastasi et al., No. 3:15-cr-00213-FDW-DCK (W.D. North Carolina).

115. 国际法院(仲裁机构)案例

国际法院(仲裁机构)的案例,如有发布方推荐的引注格式,可采取推荐格式;没有推荐格式的,采用以下格式。

(1)国际法院(ICJ)案例

引用国际法院业经汇编的案例,应标明案例名称、文书性质(国际法院判决、咨询意见或命令)、案例报告的年份;必要时,注明相关内容所在的段落序数。例如:

East Timor (Portugal *v.* Australia), Judgment, ICJ Reports 1995, para. 29-35.

Legal Consequences of the Construction of a Wall in the Occupied Palestinian Territory, Advisory Opinion, ICJ Reports 2004, para. 118.

引用国际法院未经汇编的案例,应标明案例名称、文书性质(国际法院判决、咨询意见或命令)、作出日期;必要时,注明相关内容所在的段落序数。例如:

East Timor (Portugal *v.* Australia), ICJ Judgment of 30 June 1995, para. 29-35.

Legal Consequences of the Construction of a Wall in the Occupied Palestinian Territory, ICJ Advisory Opinion of 9 July 2004, para. 118.

(2)世界贸易组织(WTO)案例

引用世界贸易组织的案例,应标明案例名称、裁判机构名称和文书性质、案件编号、作出日期;必要时,注明相关内容所在的页码或者段落序数。例如:

United States-Measure Affecting Imports of Woven Wool Shirts and Blouses from India, WTO Appellate Body Report, WT/DS/33/AB/R, adopted on 23 May 1997, p. 4.

(3)国际投资争端解决中心(ICSID)案例

引用国际投资争端解决中心的案例,应标明案例名称、仲裁机构名称和案件编号、文书性质、作出日期;必要时,注明相关内容所在的段落序数。例如:

Abaclat and Others *v.* Argentine Republic, ICSID Case No. ARB/07/5, Decision on Jurisdiction and Admissibility of 4 August 2011, para. 50.

Railroad Development Corporation *v.* Republic of Guatemala, ICSID Case No. ARB/07/23, Award of 29 June 2012, para. 15.

(4)欧洲法院(ECJ)案例

引用业经汇编的欧洲法院案例,应标明案例名称、裁判机构名称和案件编号,以及案例汇编(European Court Reports,ECR)的信息;必要时,注明相关内容所在的段落序数。例如:

Parti écologiste "Les Verts" *v.* European Parliament, ECJ Case 294/83, [1986] ECR 1339, para. 23.

引用未经汇编的欧洲法院案例,应标明案例名称、裁判机构名称和案件编号、文书性质、作出日期;必要时,注明相关内容所在的段落序数。例如:

Parti écologiste "Les Verts" *v.* European Parliament, ECJ Case 294/83, Judgment of 23 April 1986, para. 23.

(三)法文引注体例

116. 法文图书

引用法文图书,应标明作者、书名、版次(如果是修订版)、出版社、出版年份,以及相应页码。作者姓名一般写全称,名在前、姓在后;书名用斜体;出版社所在城市不需标明。例如:

Jacques Chevallier, *L'État de droit*, 4e éd., Montchrestien,

2003, p. 16-29.

引用两到三位作者的合作作品,作者姓名一一列写,两位作者之间用 et 区隔,三位作者之间分别用逗号和 et 区隔;作者超过三位的,可以只写一到两位,后面用 et a.代替。例如:

Bertrand Ancel et Yves Lequette, *Les Grands Arrêts de la jurisprudence française de droit international privé*, 5ᵉ éd., Dalloz, 2006, p. 197 s.

编辑作品,在编辑姓名后,用 dir.标明。例如:

Guy Raymond dir., *Droit de la consommation*, 3ᵉ éd., LexisNexis, 2015, p. 556.

117. 法文论文

引用期刊论文,题目加引号« »,期刊名用斜体。期刊名原则上写全称;法国学界有惯用缩写的,可以使用惯用缩写。例如:

Frédéric Zenati, «Pour une rénovation de la théorie de la propriété», *RTD civ.* 1993, p. 305 s.

引用学者发表在期刊上的判例评注文章,应先标注案号,其后以分号隔开,并注明刊物名缩写、发表时间、页码或刊物内部对评注的编号、作者及作品的性质。作品性质为

观察类的(observation),缩写为 obs.;笔记类的,用 note,不缩写。例如:

CE, 9 juillet 2003, n° 255110; *AJDA* 2003, p. 1995, note Tourette; *RTD civ.* 2004, 69, obs. Hauser.

引用文集中的一篇文章,用 in 标示所在文集。例如:

Guy Canivet, «Le Conseil constitutionnel et le contrat, variations sur la "discrétion"», in *Mélanges C. Larroumet*, 2010, p. 75.

118. 法文未发表文献

(1)学位论文

引用尚未出版的博士学位论文,应写明作者、论文题目、学位授予单位与答辩年份。例如:

Daniel Gutmann, *Le sentiment d'identité*, étude du droit des personnes et de la famille, Thèse Paris II, 2000.

(2)会议报告

引用会议报告,应写明报告人、报告题目、会议名称与时间。所引报告为后续结集出版的版本的,一并注明该出版物名称,文献所在卷、册,出版社及出版时间。例如:

Jean Carbonnier, *Rapport de synthèse*, lors du colloque *Génétique, procréations et droit*, Actes Sud, 1985, reproduit dans *Écrits*, Presses Universitaires de France, 2008.

(3) 内部报告

引用官方机构的内部报告,应注明报告的机构、报告所针对的立法草案等内容、报告人及其时任职位;必要时,可以附网页链接。

引用国民议会(Assemblé nationale,缩写为 AN)或者参议院(Sénat,不缩写)的报告(rapport,缩写为 rapp.),基本格式为:

Rapp. AN n° 2850, présenté au nom de la Commission des lois constitutionnelles, de la législation et de l'administration générale de la République sur le projet de loi (n° 2427), portant réforme des successions et des libéralités, par M. Sébastien Huyghe, Député, https://www.assemblee-nationale.fr/12/rapports/r2850.asp.

引用其他机构的内部报告,基本格式为:

Frédérique Granet, *La maternité de substitution et l'état civil de l'enfant dans des États membres de la Commission internationale de l'état civil*, rapport pour la CIEC, 2014.

119. 法国法律

(1) 引用法典条文的基本格式

《法国民法典》等在其内部不再根据条文来源而分别予

以标号的法典,引用其条文的基本格式为:

C. civ., art. 1832-1.

《法国劳动法典》等在其内部根据条文来源而分别予以标号的法典,引用其条文时,应注明该法典内对条文来源的标号。条文来源为法律(loi)的,缩写为 L.;为政府条例(règlement)的,缩写为 R.;为行政法规(décret)的,缩写为 D.。例如:

C. trav., art. R. 4152-20, al. 2.

CGCT, art. L. 2121-25 et R. 2121-11.

(2)引用单行法规的基本格式

引用单行法规,包括法律、特别法令、行政法规、规章,应注明文件名称、文件类型、编号和颁布日期。正文中已标注该文件名称的,引注中可省略。

引用法律的基本格式为:

Loi n° 2013-403 du 17 mai 2013.

引用特别法令的基本格式为:

Ord. n° 2016-307 du 17 mars 2016 portant codification des dispositions relatives à la réutilisation des informations publiques dans le code des relations entre le public et l'administration.

引用行政法规的基本格式为：

Décret n° 2016-38 du 17 mars 2016.

引用规章的基本格式为：

Arrêté du 13 mai 2019 relatif à la prise de position formelle de l'autorité administrative chargée de la concurrence et de la consommation en matière de délais de paiement convenus et de garantie commerciale.

(3)引用法律文件的特定条文

引用法律文件的特定条文，应注明条款、编号和法律文件名称。例如：

Art. 78 et s. de la Constitution du 24 juin 1793.

Art. 6 de la Charte de l'élu local codifié à l'art. L. 1111-1-1 CGCT.

120. 法国法院案例

引用法国法院案例，应写明法院名称、审判庭名称、日期、案件名称和案件号。若案件载入案例汇编（Recueil），可注明页码。法院名称可用缩写（最高行政法院为 CE，最高法院为 Cass.，上诉法院为 CA），审判庭名称用缩写（最高法院的全体会议为 ass. plén.，混合庭为 ch. mixte，民一庭至民三庭分别为 1re civ.、2e civ.、3e civ.，商事庭为 com.，社会庭为

soc., 刑事庭为 crim.)。例如:

CE, 15 février 2008, Commune de La Londe-les-Maures, req. n° 279045.

Cass. crim., 8 juillet 2015, n° 13-86.267.

Cour d'appel d'Orléans, Chambre sociale, 23 avril 2015, n° 14/00500.

引用欧洲人权法院(CEDH)、欧洲法院(CJUE)、国际法院(CIJ)的判例,基本格式为:

CEDH, 8 décembre 2015, n° 60119/12, *Z.H. et R.H. contre Suisse*.

CJUE, Grde Ch.,11 novembre 2014, Dano, Aff. C-333/13.

CIJ, Délimitation maritime en mer Noire (Roumanie c. Ukraine), 3 février 2009, CIJ Recueil 2009, p. 61.

121. 法文网络文献

引用法文网络文献,在作者、文献名之后,标明上传日期、网站名及网页链接。例如:

Conseil d'État, «Stationnement payant: le Conseil d'État précise le cadre juridique du recours à la géolocalisation des véhicules», 18 novembre 2024, https://www.conseil-etat.fr/actualites/stationnement-payant-le-conseil-d-etat-precise-le-cadre-juridique-du-recours-a-la-geolocalisation-des-vehicules.

网络文献经过在线修改，可以查到修改日期的，一并注明；上传日期不明的，可仅标注其最后修改日期。例如：

Cécile Ducourtieux, «Entre deuil et déni, le scandale des adoptions forcées en Angleterre», *Le Monde*, 18 juin 2022, modifié le 20 juin 2022, https://www.lemonde.fr/m-le-mag/article/2022/06/18/entre-deuil-et-deni-le-scandale-des-adoptions-forcees-en-angleterre_6130956_4500055.html.

动态页面或者页面的上传日期与修改日期均不明的，标注访问日期。例如：

Cour de cassation, «Comment faire un pourvoi en matière civile?», https://www. courdecassation. fr/mes-demarches/comment-faire-un-pourvoi-en-cassation/comment-faire-un-pourvoi-en-matiere-civile, Consulté le 16 décembre 2024.

122．再次引用法文文献

再次引用法文文献时，作者名可以只写首字母，文献名可以省略副标题，出版信息省略，以"op. cit."表示"见前引"。例如：

〔11〕J. Chevallier, *L'État de droit*, 4ᵉ éd., Montchrestien, 2003, p. 16-29.

〔13〕J. Chevallier, *L'État de droit*, op. cit., p. 212.

需要连续多次引用同一文献时,在不引起误解的情况下,可以进一步省略作者名的首字母和文献名。例如:

〔13〕Chevallier, op. cit., p. 212.

引用上一注释所引文献,而且没有其他文献干扰的,可以用"Ibid."表示"同上注"。例如:

〔24〕Guy Raymond dir., *Droit de la consommation*, 3ᵉ éd., LexisNexis, 2015, p. 556.

〔25〕Ibid., p. 213-214.

(四)德文引注体例

123. 德文图书

(1)专著与教科书

引用专著与教科书,应标明作者姓名、图书名称、版次(如果是再版)、出版者和出版年份,以及所引内容的位置。例如:

Claus Roxin, Strafrecht Allgemeiner Teil, Band I, 4. Aufl., C.H.Beck, 2006, § 15 Rn. 19.

Ralf Dreier/Stanley L. Paulson (Hrsg.), Gustav Radbruch-Rechtsphilosophie: Studienausgabe, 2. Aufl., C.F.Müller, 2003, S. 181.

作者姓名用全称,名在前、姓在后,首字母大写,不用斜体。作者为两位或者三位的,用/连接;作者超过三位的,可以只写一至两位,后加 u.a.。编辑作品,在编者之后括注 Hrsg.。

图书出版者不详的,可用 s.n.表示;不写出版地信息。

所引内容所在章节一般用§标注,所在页边码用 Rn.标注;没有页边码的,以 S.标注所引用的页码。

(2)法律评注

引用法律评注,在作者名称后,用 in 表示"载于"。所引评注内容所在位置,原则上标注页边码;没有页边码的,标注页码。例如:

Martin Schwab, in Münchener Kommentar BGB, Band 5, 6. Aufl., C.H.Beck, 2013, § 817 Rn. 9.

对于网络出版的法律评注,不写版次,但应标注出版日期。例如:

Jan-Hendrik Höver, in beck-online.GROSSKOMMENTAR BGB, C.H.Beck, 01.08.2024, § 256 Rn. 3.

(3)汇编作品中的文章

引用多篇合成、相互独立的汇编作品中的文章,先引文章,再标注该文章所在图书,用 in 表示"载于"。例如:

Arthur Kaufmann, Bemerkungen zur Reform des § 218 StGB

aus rechtsphilosophischer Sicht, in Jürgen Baumann (Hrsg.), Das Abtreibungsverbot des § 218 StGB, 2. Aufl., Luchterhand, 1972, S. 46 ff.

(4)祝贺文集和纪念文集

引用祝贺文集或者纪念文集,应标注祝贺文集或者纪念文集。祝贺文集(Festschrift)缩写为 FS,纪念文集(Gedächtnisschrift)缩写为 GS,两者后均用 für 连接被祝贺者和被纪念者的姓氏。姓氏不用斜体。例如:

Claus-Wilhelm Canaris, Gesamtunwirksamkeit und Teilgültigkeit rechtsgeschäftlicher Regelungen, FS für Steindorff, De Gruyter, 1990, S. 524.

124. 德文报刊

(1)学术期刊文章

引用学术期刊上的文章,应标明作者、文章题目、期刊名称、卷册号、出版年份、所在页码。例如:

Benjamin Vogel, Rechtsgüterschutz und Normgeltung, ZStW 129 (2017), S. 630.

Markus Würdinger, Über Radarwarngeräte und die Zukunft des Europäischen Privatrechts, JuS 2012, S. 238 f.

作者信息的写法,同图书。

文章名不加引号,不用斜体。

期刊名称原则上写全称;德国学界有惯用缩写的,可以使用惯用缩写。例如,《新法学周刊》(Neue Juristische Wochenschrift)缩写为 NJW,《法学家杂志》(Juristen Zeitung)缩写为 JZ,《整体刑法学杂志》(Zeitschrift für die gesamte Strafrechtswissenschaft)缩写为 ZStW。

期刊信息只有年份的,直接将年份标注在期刊名称之后。如果同时有期刊卷册数和年份,将卷册数标注在期刊名称之后,再括注年份。

所引内容的位置,原则上以 S.标记页码。引用相邻两页内容的,在首页数字后加 f.;引用连续两页以上内容的,在首页数字后加 ff.。

(2)报纸杂志文章

引用报纸杂志上的文章,应标明作者、文章名、所载报刊、出版日期。文章名称之后,用 in 表示"载于"。出版日期按日、月、年的顺序标记。报纸可加版次,杂志可加页码。例如:

Thomas Fischer, Absurdes Spektakel um den Tod, in Die Zeit v. 29. 9. 2015.

125. 德国法律

引用德国法律的基本格式为,先写条款、后写法律名称。法律条文的序数一般以 § 标注,款的序数直接以罗马数字标注,项的序数以 Nr.标注;《德国基本法》、国际条约等以 Art.表示条文序数的,以 Art.标明条文序数。法律或法规名称一般写全称,可以括注缩写;再次引用时,可以使用缩写。例如:

§ 46b Ⅲ Gesetz über die Entschädigung ehemaliger deutscher Kriegsgefangener (KgfEG) i.d.F.v. 04.02.1987.
§ 46b Ⅲ KgfEG.

德国法律有惯用缩写的,可以直接使用惯用缩写。例如,《德国基本法》写成 GG,《德国民法典》写成 BGB,《德国刑法典》写成 StGB,《德国商法典》写成 HGB。相应的引注格式为:

Art. 2 Ⅱ GG.
§ 58a Ⅰ Nr. 2 StPO.

引用法律,特别是经过修改的法律,用"i.d.F.v. + 生效日期"标注文本。《德国民法典》等常用法律经重大修改,新旧文本的含义为业内公知的,可以直接用 a.F. 标注旧版。例如:

§ 12 HGB i.d.F.v. 28.08.1969.
§ 241 BGB a.F.

126. 德国法院案例

引用德国法院案例,应区分案例来源。

引用判例集中的案例时,标明判例集的名称、卷号、所引案例首页页码,并以括号注明所引内容所在页码。例如:

BGH NStZ-RR 1999, 185.
BGH NJW 2000, 1560 (1562).

引用载于期刊的案例时,标明作出判决的法院、所载期刊的名称和年份、所引案例首页页码,并以括号注明所引内容所在页码。法院名称采用缩写,其中联邦宪法法院为 BVerfG,联邦最高法院为 BGH,联邦最高行政法院为 BVerwG。例如:

BVerfGE 75, 369 (380).

同一案例收录于不同的判例集,必要时,可以同时引用两个判例集。同时引用两个判例集的,用=号连接。例如:

BGH NJW 1996, 1467 = BGHZ 132, 119 ff.

127. 德文文献的引领词

vgl. 表示"见"和"参见"。

同一文献有不同出处,需要互相印证的,可以用 siehe auch 表示"另见"。

作者未能找到原文并予以核实,只是转引他人引用的文献,用 zitiert nach 表示"转引自"。

128. 再次引用德文文献

同一德文文献在文中多次引用的,第一次引用时必须标注完整信息,后面可以略写。略写时,只需写作者姓氏,在其后的括号中用 Fn.标明第一次引用该文献时的脚注序号。例如,前引 Claus Roxin 的文献(假设为注 19),可以表示为:

〔19〕Claus Roxin, Strafrecht Allgemeiner Teil, Band I, 4. Aufl., C.H.Beck, 2006, § 15 Rn. 19.

〔29〕Roxin (Fn. 19), S. 101.

若为法律评注,前引 Martin Schwab 在 Münchener Kommentar BGB 中的评注(假设为注 5),再次引用时,可以标注为:

〔5〕Martin Schwab, in Münchener Kommentar BGB, Band 5, 6. Aufl., C.H.Beck, 2013, § 817 Rn. 9.

〔30〕Schwab, in Münchener Kommentar BGB (Fn. 5), § 817 Rn. 9.

(五)意大利文引注体例

129. 意大利文图书

(1)引用图书的一般规则

引用图书,一般标明作者(编者)、书名、出版社、年份和页码。作者姓名顺序为先名后姓,姓和名的首字母大写;名较冗长的,在不引起误解的情况下,可以缩写。书名用斜体,第一个单词首字母大写,后面字母均小写;涉及拉丁文的,无须用斜体。图书再版的,在书名之后注明版次。页码前加 p.;所引内容涉及多页的,标明起止页码,或者在连续页码的第一页后加 s 或者 ss。例如:

Angelo Falzea, *L'offerta reale e la liberazione coattiva del debitore*, Giuffrè, 1947, p. 34 s.

Francesco Antolisei, *Manuale di diritto penale*, 15 ed., Giuffrè, 2008, p. 33.

Natalino Irti (a cura di), *La polemica sui concetti giuridici*, Giuffrè, 2004, p. 25 ss.

(2)多卷本著作

引用多卷本著作的,在书名后以罗马数字标明引用内容所在的卷次。如果各卷有单独的名称,在卷次后标明该卷的名称。例如:

C. Massimo Bianca, *Diritto civile*, Ⅲ, *Il contratto*, Giuffrè, 2000, p. 551.

(3)文集中的一篇文章

引用文集中的一篇文章,应写明作者、文章名、文集名、出版社、年份和页码。文章名用斜体。例如:

Giuseppe Amadio, *Risoluzione per inadempimento e autonomia privata*, in *Scritti in memoria di Rodolfo Sacco*, Ⅰ, UTET, 2024, p. 55.

(4)翻译作品

引用译成意大利语的著作,应在书名后标明译者。例如:

Teodoro Mommsen, *Disegno del diritto pubblico romano*, trad. it di Pietro Bonfante, Istituto per gli studi di politica internazionale, 1973, p. 22.

(5)评注与专题书

引用评注或者多人合著的专题书(trattato),应标明作者、评注的内容、该内容所在的评注或专题书名称、评注或专题书的编者、出版社、出版年份、页码。评注或专题书名称可用缩写。例如:

Claudio Turco, *L'adempimento del terzo*, in *Il codice civile commentario*, diretto da Piero Schlesinger, Giuffrè, 2002, p. 17.

Rodolfo Sacco, *La nozione del contratto*, in Rodolfo Sacco e Giorgio De Nova, *Il contratto*, I, 3 ed., in *Trattato di diritto civile*, diretto da Rodolfo Sacco, UTET, 2004, p. 49 s.

(6)百科全书中的词条

引用百科全书中的词条,应标明作者、所参考的词条、百科全书名称、卷目、出版社、出版年份、页码。词条用斜体,百科全书名称可用缩写形式。例如:

Riccardo Orestano, *voce Azione in generale (storia del problema)*, in *Enciclopedia del diritto*, Ⅳ, Giuffrè, 1959, p. 788.

130. 意大利文报刊

引用意大利文报纸中的文章,应标明作者、文章名、报纸名称、日期和页码。例如:

Aldo Cazzullo, *Il ritorno e i motivi*, in *Corriere della sera*, 7 novembre 2024, p. 8.

引用意大利文杂志中的文章,应标明作者、文章名、杂志名称、年份、卷数及/或期数、页码。杂志名称可用缩写形式。卷数一般用罗马数字,期数一般用阿拉伯数字。例如:

Paolo Greco, *Sull'ammissione al passivo con riserva di prova nel procedimento fallimentare*, in *Rivista del diritto commerciale*, 1953, Ⅱ, 4, p. 55.

131. 意大利法律

引用意大利法律规范,应标明规范名称或类型、日期、规范号。规范名称一般写全称,常用规范可用缩写形式。例如:

D.P.R. 26 luglio 1976, n. 752.

D.Lgs. 29 marzo 1993, n. 119.

L. 13 febbraio 2001, n. 45.

引用法律规范的特定条文,还应标明条文序数、段落序号。例如:

art. 3, comma 2, l. 31 maggio 1995, n. 218.

132. 意大利法院案例

引用意大利法院案例,应当标明法院、文书类型(如有)、发布机关(如有)、判决日期、判决号。如果案例刊登于杂志,需要标注杂志名称、年份、卷数及/或期数、页码。杂志名称可用缩写形式。例如:

Cass. civ., sez. lavoro, 29 maggio 1998, n. 5348.
App. Napoli, 3 novembre 2008, in *Foro it.*, 2009, I, p. 1476 s.

133. 罗马法文献

引用罗马法文献,应标明片段所在文献名称、片段序号。文献作者可以略写,文献出版信息可以不写。文献名称一般写全称;再次引用时,可以使用约定俗成的缩写。例如,《盖尤斯法学阶梯》(Gaius Institutiones)缩写为 Gai.,《优士丁尼法典》(Codex Justinianus)缩写为 C.。相应的引注格式为:

Cicero, *De Officiis*, 3.17.71.
Gaius Institutiones, 3.97.
Gai. 3.97.
C. 1.3.1.

134. 再次引用意大利文文献

再次引用意大利文文献，作者名可以省略或者只写首字母，书名或者文章名可以略写，出版信息省略，用 cit. 来表示"前引注"。例如：

〔16〕Emilio Betti, *L'interpretazione della legge e degli atti giuridici*, Giuffrè, 1949, p. 23.

〔37〕E. Betti, *L'interpretazione*, cit., p. 27.

引用的文献与上一个引注的文献相同，并且没有其他文献干扰的，用 Ibid. 表示"同上注"，同时标注相应页码。例如：

〔18〕Umberto Eco, *Come si fa una tesi di laurea: Le materie umanistiche*, Bompiani, 2012, p. 22.

〔19〕Ibid., p. 45.

（六）俄文引注体例

135. 俄文图书

引用俄文图书，作者姓名首字母大写，书名用斜体（不加书名号或引号），再版版次用括号注明，出版社及出版年份附后；引用文献特定内容的，应写明页码，页码前加 c.。出版社和出版年份之间用逗号隔开，其他各项之间用句点. 区

隔。例如:

Елена А. Дубовицкая. *Европейское корпоративное право*. Вольтерс Клювер Россия, 2008. с. 6.(注:埃琳娜·阿·杜博维茨卡娅:《欧洲公司法》,威科出版社 2008 年版,第 6 页。)[7]

Альфред Э. Жалинский. *Введение в специальность "Юриспруденция": Профессиональная деятельность юриста (2-е издание)*. Учебник Издательство Проспект, 2015. с. 101-103.(注:阿尔弗雷德·埃·扎林斯基:《律师专业法理学教材》(第 2 版),展望教材出版社 2015 年版,第 101-103 页。)

编辑作品,在主编或者编者之后标明 ред.。例如:

Кравец И. Иван, ред. *Государственное право и управление*. СПб.: Юридический центр Пресс, 2005. с. 76.(注:伊万·伊·克拉韦茨主编:《国家法与管理》,圣彼得堡法学中心出版社 2005 年版,第 76 页。)

有两位作者的,作者之间用 и 连接;三位作者的,前两位作者之间用逗号隔开,第二、三位作者之间用 и 连接;作者超过三位的,只写前一到两位作者,然后用 и др. 表示其

---

[7] 为便利读者理解,这里加了中文翻译。在实际写作中,不要求翻译引注信息。参见本手册第 98 条。

余作者。例如:

Алексей А. Сидоров, Владимир В. Кузнецов и др. *Уголовное право Российской Федерации*. СПб.: Издательство СПбГУ, 2010. с. 456.(注:阿列克谢·阿·西多罗夫、弗拉基米尔·瓦·库兹涅佐夫等:《俄罗斯联邦刑法》,圣彼得堡大学出版社 2010 年版,第 456 页。)

136. 俄文学术期刊

引用俄文学术期刊上的论文,作者姓名首字母大写,论文题目用斜体,刊物名称后注明卷数和期数(卷数也可省略)。论文题目与刊物名称之间,用双斜线//连接。例如:

Вадим А. Виноградов. *Анализ феномена "культура отмены" как инструмента регулирования общественных отношений* // Журнал российского права, 2023. № 3. с. 17–30. (注:瓦季姆·亚·维诺格拉多夫:《"取消文化"作为调节社会关系工具的现象分析》,载《俄罗斯法律杂志》2023 年第 3 期,第 17–30 页。)

Олег А. Кожевников и Анатолий Т. Карасев. *Трансформация российского конституционного правосудия на современном этапе: некоторые размышления* // Вестник Южно-Уральского государственного университета, 2023. № 2. с. 67–73.(注:奥列格·亚·科热夫尼科夫、阿纳托利·季·卡拉塞夫:《当代俄罗斯宪

政司法体系的变革:一些思考》,载《南乌拉尔国立大学公报》2023 年第 2 期,第 67-73 页。)

137. 俄文集刊

引用俄文集刊文章,作者姓名首字母大写,论文题目用斜体,集刊书名后注明年份(有卷数的可以标明),论文名称和集刊书名之间用双斜线//连接。例如:

Константин С. Кондратенко. *Политическое управление в условиях цифровизации: основания и модели* // Траектории политического развития России: институты, проекты, акторы, 2019. c. 26.(注:康斯坦丁·谢·康德拉坚科:《数字化背景下的政治法理:基础和模型》,载《俄罗斯政治发展轨迹:机构、项目、参与者》,2019 年版,第 26 页。)

Анатолий В. Ананьев. *Хакерская этика и этика научных исследований* // Современное состояние и перспективы развития науки и образования, 2022 (2). c. 7-14.(注:阿纳托利·氟·安南耶夫:《黑客伦理和科学研究伦理》,载《科教事业发展现状及前景》2022 年第 2 卷,第 7-14 页。)

138. 俄文报刊

引用俄文报刊文章,作者姓名首字母大写,报刊文章题目用斜体,并附上报纸名称和日期。例如:

Ольга И. Игнатова. *Юрист Хрусталева разъяснила, может ли гражданин-банкрот выезжать за границу.* Российская газета, 06.02.2024.(注:奥尔加·伊格纳托娃:《赫鲁斯塔列娃律师解释破产公民是否可以出国旅行》,载《俄罗斯报》2024 年 2 月 6 日。)

ШварцманВ. Валентина. *От дисбаланса к диверсификации: Эксперты РСМД оценили перспективы российско-индийского экономического сотрудничества.* РБК, 31.01.2024, at 01.(注:施瓦尔兹曼·瓦伦汀娜:《从不平衡到多元化:RIAC 专家评估了俄罗斯—印度经济合作的前景》,载《RBC 每日商业报纸》2024 年 1 月 31 日第 1 版。)

139. 俄罗斯法律

引用俄罗斯联邦法律,应标明法律名称(不用斜体)、条款编号、生效日期,并附引用来源。例如:

Семейный кодекс Российской Федерации, ст. 16, принят 29 декабря 1995 года, Собрание законодательства Российской Федерации [СЗРФ]. (注:《俄罗斯联邦家庭法》第 16 条, 1995 年 12 月 29 日通过,《俄罗斯联邦法典》。)

Гражданский кодекс Российской Федерации, ст. 3301, принят 30 ноября 1994 года, СЗРФ. (注:《俄罗斯联邦民法典》第 3301 条,1994 年 11 月 30 日通过,官方公报。)

140. 俄罗斯法院案例

引用俄罗斯法院案例,应标明案件名称(不用斜体)、案件编号、裁决日期以及案例来源。例如:

Петрова против Министерства Здравоохранения, Заявление No. 54321/98765, Решение от 10 сентября 2021 года, Официальный вестник судебных решений 2021-Ⅲ.(注:彼特罗夫诉卫生部案,案件编号 54321/98765,判决日期 2021 年 9 月 10 日,引自官方判决书公开 2021-Ⅲ辑。)

Гражданин Смирнов против ООО "СтройИнвест", Дело No. 24680/13579, Решение от 20 мая 2019 года, Судебные акты и решения 2019, No. 5.(注:斯米尔诺夫诉斯托伊投资公司案,案件编号 24680/13579,判决日期 2019 年 5 月 20 日,引自 2019 年司法行为和决定裁决书第 5 辑。)

141. 俄文网络文献

引用俄文网络文献,作者姓名首字母大写,文章名用斜体,并标注网站名称、上传日期,最后附上网页链接。官方网站公示类信息无作者的,不写作者。例如:

Юлия Я. Яковлева. *После крушения вертолета Ми-8 в Карелии возбуждено уголовное дело*. ФОНТАНКА 2024-02-

05, https://www.fontanka.ru/2024/02/05/73195217/.（注：尤利娅·雅科夫列娃：《米8直升机在卡累利阿坠毁后，刑事案件立案》，载前线网2024年2月5日，https://www.fontanka.ru/2024/02/05/73195217/。）

Во втором чтении принят законопроект о запрете "наливаек" в жилых домах. Государственная Дума 2024-01-31, http://duma.gov.ru/news/58734/.（注：《二读通过住宅楼内禁酒法案》，载国家杜马网2024年1月31日，http://duma.gov.ru/news/58734/。）

142. 再次引用俄文文献

引用俄文文献时，用 См. 表示参见。

再次引用同一俄文文献的，用 См.прим.表示"参见前注"，再标明前注序号、作者名及文献类型，并附页码。在不引起误解的情况下，作者名可以省略。例如：

［16］См. прим. 6. Жалинский книги. С. 88.

［23］См. прим. 3. Ананьев статьи. С. 9–12.

（七）日文引注体例

日文文献的引注体例主要参考了《ジュリスト》杂志和《新版注释民法》，有改动。改动之处主要是：作者名、杂志名称、法规名称、案例名称均不采用简写,而用全称;年份统一采取公元纪年,不用日本天皇年号纪年。

143. 日文图书

(1)引用日文图书的基本格式为:书名加双引号『 』;属于丛书的一本,可在书名后,用括号注明丛书名;出版信息加在双引号之后、括号内,出版社和出版年份之间用逗号隔开。例如:

我妻栄『新訂担保物権法(民法講義Ⅲ)』(有斐閣,1971年)50頁。

(2)如果有多个作者,则在作者之间加＝。例如:

我妻栄＝有泉亨『民法総則・物権法』(日本評論社,1950年)31頁。

(3)引用编辑作品中的文章的基本格式为:引用的文章名加单引号「 」;编辑作品的编纂者名字后加"編"字,编辑作品的名称加双引号『 』。例如:

佐藤英明「一時所得の要件に関する覚書」金子宏ほか編『租税法と市場』(有斐閣,2014年)220頁。

144. 日文报刊

引用日文期刊论文的基本格式为:论文名加单引号「 」;期刊名称不加符号,不用简称;期刊名称后接卷号信

息,刊登年份写在括号内。例如:

於保不二雄「付加物及び従物と抵当権」民商法雑誌29卷5号(1954年)1頁以下。

有多个作者的,同前述图书标注方式。

报纸、杂志文章的格式同期刊论文,一般省略页码。

145. 日本法律

日本学术文献很少将日本本国法律作为注释。在正文中提到法律,也往往采用简称,并且不加任何符号,如将《建設機械抵当法》简称为"建抵"。为便于中国读者理解,引用日文法律时一般应写全称;在同一图书或文章中反复出现的法律名称,第一次必须写全称,经说明后,再次出现时可以略写。

日本法律翻译成中文后,如果字形基本没有差异,如日文"民法177条",没有必要再加注释;如果翻译成中文后,字形差异较大,为便于读者查询,可以在正文中括注或者在注释中标注该法律的日文。例如,"关于动产和债权让与的对抗要件的民法特例法"在日本《新版注释民法》中被简称为"動産債権讓渡特",在中文写作时建议添加注释,写作:

動産及び債権の讓渡の対抗要件に関する民法の特例に関する法律。

146. 日本法院案例

日本学术文献中的案例名称一般采用简写形式,并常用日本天皇年号纪年。为便于中国读者理解,案例名称使用全称,并用公元纪年。

例如,"大判大 8・3・3 民録 25・356",引用时采取下述格式:

大審院 1919 年 3 月 3 日判決,大審院民事判決録 25 輯 356 頁。

再如,"最判昭 57・7・15 民集 36・6・1113",引用时采取下述格式:

最高裁判所 1982 年 7 月 15 日判決,最高裁判所民事判例集 36 卷 6 号 1113 頁。

147. 日本官方文件

日本官方文件的名称加单引号「 」,后加による。例如:

「平成 26 年版犯罪白書」による。

148. 日文网络文献

日本学术著作极少使用网络文献。图书、论文有网络版的同时也会有正式出版的纸质版本,引用时应当引用正式出版的纸质版本。法律、案例以及官方文件也都有自身的引注方法,即使是从网上搜索得来的,也应使用前述引注方式。

如果文献只有网络信息,可以引用网络信息。一些不易查找的纸质文献有网络版本的,可以在标明其正式来源的同时,提供网页链接。

引用网络文献,应该标明网页链接和上传日期;不能确定上传日期的,可以标明访问日期。

149. 日文文献的引领词

引用日文文献,需要对原文观点有所提炼、解读或者引申的,在文献信息末尾写"参照"。例如:

我妻栄=有泉亨『民法総則・物権法』(日本評論社,1950年)31頁参照。

150. 再次引用日文文献

再次引用日文文献时,一般只写作者姓氏、不写全名,文献名称有时使用简称。例如,前面引用过的"佐藤英明「一時所得の要件に関する覚書」金子宏ほか編『租税法と市場』(有斐閣,2014年)220頁",再次引用时可能写作"佐藤・一時所得240頁"。考虑到中国读者对日本学者和日本文献的熟悉程度,建议使用全名以及"前揭注×"的表达方式。前述文献再次引用时,写作:

佐藤英明·前揭注[3]240頁。

前后紧邻的两个引注文献完全相同,并且没有其他文献干扰的,可以写作:

同書(同論文)×頁。

《法学引注手册》编写说明

何海波*

一、编写引注手册的目标

统一、细致、合用的引注体例是一个学科成熟的标志,也有助于该学科进一步发展。中国法学界在学术引注体例上做了很多探索,[1]但离上述目标还有距离。

(一)统一引注体例是首要目标

目前法学著作的引注体例可以用五花八门来形容。不但高校学报和多数法学刊物的引注体例截然不同,在法学

---

* 何海波,清华大学法学院教授。

[1] 相关的讨论,参见慕槐(贺卫方):《关于注释》,载《法学研究》1995年第2期;肖永平:《中国法学研究的学术规范与注释规则》,载《法学评论》2002年第4期;罗伟主编:《法律文献引证注释规范(建议稿)》(第2版),北京大学出版社2013年版;熊谋林、许林:《法学文献引证与注释体例的统一化》,载《法治现代化研究》2017年第4期。法学以外更加宽泛的讨论,可参见杨玉圣、张保生主编:《学术规范读本》,河南大学出版社2004年版。

刊物和法学图书之间也存在许多差异。有学者比较了23家刊物的引注体例,发现"没有两家是完全相同的"[2]。细小的差异不必说了,许多大的方面也没有统一。例如,引用文章时有的用书名号,有的用引号;文章的出处前,要不要加"载"字;图书的出版信息要不要写月份、要不要加"版"字;引用文章什么情况应当注明页码,以及页码怎么写。

规范统一体例的缺乏,耗费了作者和编者大量的时间。作者无所适从,常常被迫改来改去。投一家刊物,就换一个体例;发论文时是一种体例,出书时又换一种体例。因为作者改得不到位,学术期刊和出版社的编辑们不得不再一一改过,大量精力浪费在这种琐细繁重的事务中。如能确立一个规范、统一的引注体例,应当是作者、编者和读者三方皆便利的大好事。

(二)引注体例应当力求细致

目前多数引注体例,包括几个推荐性的国家标准和行业标准,内容都比较简略。简略的好处是容易"求同存异",但它确实遮蔽了分歧,无法应对形形色色的问题。例如,引用学术文献时,作者怎么标注?页码写不写?引用规范性文件和司法案例,又如何标注?引用外文,原则上"从

---

[2] 苗炎(《法制与社会发展》副主编),法学著作引注体例讨论会,2018年12月27日于清华大学法学院。

该语种文献的惯例",但到底是什么样的惯例？一些新出现的问题,更没有明确。引用连续出版物上的文章,出处前要不要加"载"字？要不要写明主编和出版社？引用网络文献,是写上传日期还是访问日期？外文中的华人作者,是名在姓前还是姓在名前？这么多的具体问题,寥寥两三页纸是无法完全解答的。

目前国际上比较成熟的引注体例,篇幅都相当可观。例如,美国法学期刊界流行的《引注蓝皮书》(The Bluebook: A Uniform System of Citation),从最初的 26 页发展到今天的 560 页。[3] 因为不满 Bluebook 引注标准过于复杂而自创一套的《芝加哥手册》(The University of Chicago Manual of Legal Citation,又称 Maroonbook),从最初的 15 页迅速扩展到 124 页。[4] 英国法律界通用的《牛津手册》(Oxford Standard for Citation of Legal Authorities,简称 OSCOLA),到 2012 年第 4 版时也达到了 61 页。[5] 在中文学术圈,罗伟教授起草的《法律文献引证注释规范(建议稿)》也已达到一本书的

---

[3] See *The Bluebook: A Uniform System of Citation* (20th ed.), 2015. 电子版可以浏览 Bluebook 的官方网站,https://www.legalbluebook.com/bluebook/。

[4] 参见《芝加哥大学法律评论》网站,https://lawreview.uchicago.edu/about/maroonbook,2024 年 11 月 25 日访问。波斯纳法官对 Bluebook 的批评,参见 Richard A.Posner, *Goodbye to the Bluebook*, 53 University of Chicago Law Review 1343 (1986).

[5] See *OSCOLA* (4th ed.), Hart Publishing, 2012. 电子版可以浏览牛津大学法学院网站,https://www.law.ox.ac.uk/oscola。

规模。[6]

可见,引注体例要为作者和编者起到指引的作用,必须抛弃"宜粗不宜细"的思想,在总结实践经验的基础上力求具体周详。

(三)引注体例应当合用

引注体例的许多具体问题是见仁见智、利弊互见的。但从根本上讲,一个好的引注体例必须满足当代中国法学研究的实际需要。

首先,与其他学科相比,法学研究的显著特点是引注文献数量普遍较多,又经常涉及法律文件和司法案例。因为引注文献多,把引注内容一一排列在文章后面(即"文后注"),阅读时翻前倒后,很不方便。又因为涉及法律文件和司法案例,在一些学科流行的文后列举参考文献、正文括注作者和页码的引注体例,在法学写作中就会造成又有文后注又有页下注的困扰,极不方便。由于这些特点,法学引注独具一格是自然的事情。许多国家的法学著作都形成了自己的引注体例。[7]

---

[6] 参见罗伟主编:《法律文献引证注释规范(建议稿)》(第2版),北京大学出版社2013年版。

[7] 相关介绍,参见罗伟:《美、英、日、韩法律引注体系简介及统一中国法律引注体系的几点建议》,载《法律文献信息与研究》2006年第4期;[英]柯林·内维尔:《学术引注规范指南》(第2版),张瑜译,上海教育出版社2013年版。

其次,法学研究的国别色彩向来鲜明。国外的引注体例未必适合中文著作,无法简单移植;即使拿它引用外文文献,对绝大多数中国作者和编者来说仍然太过复杂。以美国法学期刊界流行的 Bluebook 为例,有一个时期,它要求文章名加引号,这一规范套用于中文文献上就不太符合书写习惯;新版的 Bluebook 改变了规则,包括引入小型大写字母,而这些规则对中国作者、编者和读者可能都不方便。所以,还是要从中国法学的实际情况出发,制定一套自己的规则。

最后,对于学术研究来说,互联网和数据库已经成为"当代"的一个主要特征。大量文献发表在互联网上,甚至个人博客、微信公号上也有不少有价值的原创文章,完全禁用互联网上的文献是行不通的。同时,海量文献收录在数据库中。在互联网和数据库上检索文献,是许多作者的第一选择。是否要像以前那样——标注出版社地点、文章页码,也值得斟酌。但是,互联网上的文章鱼龙混杂,数据库也还不能让人完全放心,如何引用特别需要规范。

综上,中国法学写作和出版中的引注体例亟需统一,而引注体例的统一必须建立在细致、合用的基础上。

二、引注手册的编写过程

统一引注体例大家都觉得是好事,却一直未能实现,问题很可能出在没有一个合理的路径和合适的步骤上。本引注手册的编写在这方面做了一些探索。

(一)统一引注体例的路径设想

统一引注体例这事由出版单位"各自为政"不行,由一个机构发布规则强行统一也不行;一开始参与的机构太少不行,太多也不容易。我们初步设想,由几家期刊、出版机构联合制定,学术团体倡导使用,定期修改、逐步统一。

首先,拟由几家主要法学期刊和法律图书出版机构作为发起单位,派人组成一个起草小组。起草小组开会讨论,在"求同去异"的基础上制定出一个相对具体周详的引注体例。

其次,倡导使用。讨论确定的引注体例公开发布,发起单位首先使用,欢迎其他学术刊物和出版机构采用。

最后,定期修改。引注体例以发起单位的名义联合出版,定期修改。各发起单位派人组成工作小组讨论修改,经发起单位同意的其他机构也可以派人参与讨论。

(二)引注手册编写工作的流程

引注手册参考了多家出版单位的引注体例,它的编写是众多学者和编辑共同参与、集体讨论的过程。

引注手册讨论稿的初稿由清华大学法学院的何海波(负责中、英文文献)、冯术杰(负责法文文献)、王钢(负责德文文献)和龙俊(负责日文文献)拟写,何海波统稿。初稿写成后,邀请院内外专家作了审读,其中陈天昊审读了法文文献,作了少量增补;王天华审读了日文文献;陈卫佐通读全文,提了多处意见。同事汤欣、屠凯也贡献了意见。该稿经车丕照主编决定,在《清华法学》试用。讨论稿初稿曾在微信群里发布,朱芒、王贵松、易明群、朱明哲、马剑银、谭冰霖、江溯、彭錞、蒋浩等多位学者、编辑提出了宝贵意见。

2018年12月24日,多家期刊和出版社在清华大学法学院举行"法学著作引注体例讨论会",《中国法学》《中外法学》《法学研究》《法学家》《法学评论》《法制与社会发展》《现代法学》《清华法学》等刊物和北京大学出版社、法律出版社的负责人员参加了会议。[8] 会议对统一引注体例的必要性、路线图和工作安排达成了基本共识。与会人员还在《中国法学》总编辑张新宝的主持下,对《法学著作引注体例(讨论稿)》进行了具体讨论。会后,何海波综合讨论中提出的意见,对讨论稿作了修改。

2019年4月13日,上述单位人员组成的工作小组再次

---

[8] 与会人员有:《中国法学》总编辑张新宝、《清华法学》主编车丕照、《中外法学》主编王锡锌、《现代法学》主编许明月、《法学研究》副主编谢海定、《法学家》副主编尤陈俊、《法学评论》副主编江国华、《法制与社会发展》副主编苗炎、《环球法律评论》编辑田夫、北京大学出版社副总编辑蒋浩、法律出版社编校部主任班运华、《中国法学》副总编辑王莉萍和编辑任彦、《法学研究》编辑李曼、《中外法学》编辑高薇,及《清华法学》副主编何海波、主编助理屠凯、编辑部主任徐雨衡。

在清华大学法学院举行会议,对修改后的《法学著作引注体例(讨论稿)》进行了整整一天的讨论。[9] 讨论内容涉及引注体例的一般规范以及中英文引注体例。事后,中国法制出版社的马颖女士和中国政法大学出版社的余娟女士反馈了各自单位对讨论稿的意见,《中外法学》的高薇编辑对德文引注体例作了一点增补。在这些意见的基础上,工作小组对讨论稿的内容和编排再次作了修改。修改后的讨论稿,名称改为《法学引注手册》,条文从 69 条增加到 98 条,基本形成了目前的框架。

2019 年 8 月 20 日,在云南昆明举行的中国法学会法学期刊研究会年会印发了《法学引注手册(审议稿)》;应法学期刊研究会指派,何海波在会上就审议稿作了说明。在会议前后,《中国法学》的编辑任彦校对了审议稿并提出许多意见,《华东政法大学学报》马长山主编、知识产权出版社庞从容副编审就审议稿提出了详细意见,《中国法律评论》执行主编袁方、人民法院出版社总编辑助理韦钦平、中国检察出版社李健副编审也提出了具体的意见。武汉大学张辉教授补充了国际法院和国际仲裁机构案例英文文本的引注体例。

---

[9] 与会人员有:《中国法学》总编辑张新宝和编辑任彦、《中外法学》副主编车浩和编辑高薇、《法学家》副主编尤陈俊、《法学评论》副主编江国华、《法制与社会发展》副主编苗炎、北京大学出版社副总编辑蒋浩、法律出版社编校部主任班运华及《清华法学》副主编何海波。

2019年10月14日,遵法学期刊研究会张新宝会长的意见,引注手册的拟定稿送呈共同制定单位审阅。在反馈意见基础上作少量技术性修改后,于11月6日基本定稿。引注手册最终扩充到101条。

除了前面提到的,引注手册的起草还得到诸多人士的支持和帮助。圣路易斯华盛顿大学法学院的罗伟教授给予了支持,清华大学法学院聂鑫、李平等多位学者提供了具体的意见。在出版过程中,北京大学出版社的编辑作了认真的校对,提出很多修改意见。编写组和我个人对于各方的支持和帮助深为感动。

三、引注手册的基本内容

(一)引注手册的主要方面

引注手册着重总结引注文献的格式。著作正文、文后参考文献以及解释性的注释,基本没有涉及。

引注手册讨论了引注的基本要求、引注的一般格式以及与引注有关的论文部件,作为引注的一般规范。

中文引注体例按照引注文献的性质分别介绍,依次为纸质出版文献、网络电子文献、未发表文献、法律文件、司法案例和统计数据。

考虑到中国法学著作中对外文文献的引用相当频

繁,引注手册用较多的篇幅列明了英、法、德、日四种文献的常用引注体例。

(二)学术引用的原则

引注手册明确了学术引用的几个原则,分别回答"什么地方需要引用""引用什么文献""如何标注文献信息"三个问题。

一是使用引注应当必要和适度。引注是文章的辅助部分,是正文的补充。涉及学术观点、法律文件、事件、案例、统计数据等,需要交代出处而又不便在正文中叙明的,才用引注形式。应当避免繁琐引注,谨慎使用外文夹注,尽量避免一句多注或者连续一句一注,以防干扰正文阅读。学术写作应当尊重前人的智力成果,但提倡作者用自己的话来论述。一般的意思无须引用,直接引用不宜太多;没有必要,不大段引用原文。

二是应当引用真实可靠、内容相关、权威稳定的文献。作者应当对文献引用承担首要责任,不得引用未经查核的文献,不得歪曲他人观点。在引用文献的选择上,中文优先、纸质优先、原创优先。相关外国文献有中文译本的,原则上引用中文译本,或者在引用外文文献时提示中文译本。有纸质出版文献的,不引用网络、电视资料,尤其是"百度百科"等有待查核的资料。有多个相关文献的,一般引用原初文献,不引用网络或者其他介质转载的文献,包括新浪、搜狐等门户网站和各种文摘。慎用转引,作者有条件查找和阅读原初文献的,有义务查找并引用原初文献。

三是保证引注信息准确、完整,力求简洁、流畅。已出版文献的作者、文献名称和出版信息,原则上从原文原著,具体根据版权信息而定。原文原著的名称包含多个部分的,原则上应当全文引用,不省略。在保证基本信息完整的前提下,引注信息尽可能简洁、流畅,符合读者的阅读习惯。引用外文文献,需要照顾中国读者的知识结构,慎用简称;一般不作翻译,直接使用外文,必要时可加以解释或者评注。

(三)引注体例的编排方式

为方便查阅和引用,引注手册参考中国法律的通常体例,分级编排,以条为主,条文序数用阿拉伯数字、连续编号。除了一般性规范,还针对不同语种、不同类型的文献设置了相应的规范。中文纸质出版文献情况复杂,按作者、文献名称、出版信息、页码和章节的顺序编排。

四、引注手册的编写方针

为最大限度地实现统一、细致、合用的目标,引注手册采取的编写方针是:遵守法律,遵循惯例,尊重作者、编者和读者。

(一)遵守法律

与引注体例相关的法律,主要有《国家通用语言文字法》以及出版行业的相关法规。法律的强制性规定比较原则。与引注体例直接相关的,目前主要有三个国家标准和行业标准。

第一个是教育部办公厅 2000 年发布的《中国高等学校社会科学学报编排规范(修订版)》(教社政厅〔2000〕1 号)。这份编排规范为部分高校学报所采用,形成特色鲜明的"学报体"。[10] "学报体"没有考虑法律文献引用的特殊性,与法学著作通用体例相去甚远,使用起来也不方便,没有为多数法学刊物和法律出版单位所接受。

第二个是国家质量监督检验检疫总局和国家标准化管理委员会 2015 年发布的《信息与文献 参考文献著录规则》(GB/T 7714—2015)。该规则所用的著录格式与"学报体"一致,[11] 因为同样原因,在法律出版界较少采用。

---

[10] 这里举三个例子:
① 宋华琳.行政基本法要在审慎中前行[N].法制晚报,2012-4-16(A4).
② 林来梵,刘义.新中国宪法变迁的见证——读《中华人民共和国宪法史》[J].政法论坛,2005,(5):188-191.
③ 瞿同祖.中国法律与中国社会[M].北京:商务印书馆,1947:140.

[11] 这里举两个例子:
① 陈登原.国史旧闻:第 1 卷[M].北京:中华书局,2000:29.
② 常森.《五行》学说与《荀子》[J].北京大学学报(哲学社会科学版),2013,50(1):75.

第三个是国家新闻出版主管部门2015年以来发布的新闻出版行业系列标准,其中最为相关的是《学术出版规范 注释》(CY/T 121—2015)。该标准与法律出版行业的惯例比较接近,但个别地方仍有差异。例如,出版社与出版年之间用逗号分隔,主编作品的编者与书名之间不用冒号,编辑作品的副主编也写上。[12] 这几点在法律出版行业基本没有被采用。

依据《标准化法》,上述几个标准都属于推荐性质的,不具有法律约束力。又依该法,只有事关"人身健康和生命财产安全、国家安全、生态环境安全以及满足经济社会管理基本需要的技术要求",才应当制定强制性国家标准。可见,法律没有也不准备对引注体例作强制、统一的规定。由出版单位联合制定特定领域所需要的引注体例,并由学术团体倡导使用,完全符合法律精神。

(二)遵循惯例

统一引注体例是本引注手册的首要考虑,遵循惯例则是统一引注体例的最好路径。惯例越清晰稳定,越应当遵循。已经形成稳定惯例的,没有十分必要,不作更改。是否形成惯例,以主要法学期刊和法律图书出版机构的做法为

---

[12] 这里也举两个例子:
① 周雪光:《组织社会学十讲》,社会科学文献出版社,2003,第216页。
② 陆学艺主编《当代中国社会结构》,社会科学文献出版社,2010。

参照,结合这种做法的时间长短来确定。例如,规范性文件文号的年份用六角括号〔 〕、裁判文书案号的年份用圆括号( ),已经约定俗成,从习惯。

遵循惯例最大的问题是,某一做法在多大程度上已经形成惯例,以及我们在多大程度上愿意为了其他目的而牺牲惯例。在讨论过程中多位编辑提出,所有析出文献,包括期刊、报纸、文集和互联网上的文章,都应当在其来源前写明"载"。查阅国内主要刊物,目前只有《中国法学》《现代法学》等少数刊物和法律图书出版机构采用这种体例。但在析出文献来源前一律加"载"字,确实有规则简明统一、文词连贯的好处。而期刊前面不加"载"是相对晚近的做法,还没有形成稳定的惯例。我们考虑改变多数刊物的做法,要求在所有析出文献来源前加"载"字。

出于遵循惯例的考虑,每个人不得不放弃一些个人认为合理的改进建议。例如,依我个人看法,作者和著作名称中间的冒号可以省略,因为二者之间已经有书名号间隔。我在一些场合表达过这个想法,也曾经在一些著作中使用过这个格式。[13] 但是,这种做法还难以为多数人所认同,显然无法以此统一格式。又如,出版信息(××出版社××年)之后的"版"字,似乎是冗余的。但它在法律出版行业已

---

[13] 参见何海波:《法学论文写作》,北京大学出版社2014年版,尤其是第239页。

经约定俗成,很难改动。英文引注中的小型大写字母比较好看,但中国学界还不习惯,暂时无法引入。

(三)尊重作者、编者和读者

统一引注体例归根到底是为了便利作者、编者和读者。在追求规范、统一的同时,需要考虑文献的多样性,给各种复杂情况留有余地,防止禁锢今后的发展。为此,引注体例尽量尊重作者、刊物和出版社的偏好,不搞完全的"一刀切"。

1. 有些内容不作要求

例如,引注符号的标记,目前有的用圆圈,有的用六角括号,有的只写阿拉伯数字,不同作者和出版单位有不同偏好。而且,不同方式能够在电脑上迅速转换,差不多一键到位。因此,引注手册不作要求。再如,注释是文章各篇、图书各章连续编号还是每页重新编号,不同出版单位有不同偏好,而且在电脑上转换也比较容易。引注手册建议采用连续编号的方式,但不作强制要求,出版单位有不同偏好可以自己转换。又如,多次出现的文献,有的著作从第二次开始采用缩略写法。这种做法特别容易出错,引注手册提供了缩写方案但不作要求,更不建议作者投稿时采用缩略写法。

2. 较多使用"可以""必要时"等建议性措辞

引用图书或者学术刊物上的论文,如果涉及正文特定内容,应当注明页码;但如果整体提及全书、全文,注明页码似乎没有必要。引注手册未作"一刀切"的规定。

引用规范性文件,引注手册要求标明该文件的制定机关和文号,同时规定,"必要时,进一步标明发布日期"。在已经有制定机关和文号的情况下,发布日期不属于必需的部分,是否标明由作者根据情况决定。

引用外文文献是否加以翻译或者解释,由作者决定;是否引用现有中文译本或者提示中文译本,也由作者斟酌决定。如果中文译本已经过时、翻译质量不够理想或者有其他原因不适合引用的,可以不引、不提中文译本。翻译作品有校对者,是否必须写明,难以统一。我们建议作者"可以视情况写明校对者"。作者没有写明的,一般不要求补加。

3. 容许各出版单位作适当保留

参与引注体例讨论的各出版单位原则上应当整体接受讨论确定的引注体例,但使用中发现有不合适之处,各单位可以斟酌处理。出版社在出版特定图书时,也可以根据作者和编者的意见作适当改变。当然,无论如何,每一期刊物、每一本书的引注体例必须是统一的。

五、引注信息的编排原则

引注信息的编排是引注手册的核心内容。本手册关于引注信息的编排原则是,在保证提供引证文献必要信息的同时,力求文字简省、表述自然、输入便利。

(一)必要信息

1."编""主编"。编著、编辑作品不同于专著,写明"编""主编"是必要的。引注信息的主要功能是方便读者查核,不是记录参与者的版权和贡献。所以,"副主编"不是必要信息,不建议写;翻译作品的校对者,也不要求写。

2.出版社地址。以前获取信息不便,写明出版社所在城市是必要的。但在互联网时代,这一点已属多余。尤其在中国,出版社数量有限,其所在城市也广为知悉,再写地址纯属多余。

3.出版月份。写明出版年份主要是为了帮助读者辨析书的版本。一本书一年之内出两版的情况比较罕见,写明月份在通常情况下没有必要。

4.刊物的卷次与期数。中国的刊物习惯上写"××年第×期",简单明了。"总第×期"不利于了解出版年份,查找起来也不方便。一些刊物采取卷次或者卷辑的形式(多为一年一卷,可能分几辑,连续页码),本手册尊重刊物的编排方式,但要求注明出版年份。

5.网络文献访问日期。许多刊物借鉴国外做法,要求网络文献写明访问日期或者"最后访问日期"。这本来是为了防止网络文章丢失、读者查找不到而设计的措施,但实际上对于读者意义不大,也无法让作者承担责任。[14] 而网络文献的上传时间,就像报纸、期刊的出版时间,是更有用的信息。所以,原则上要求写明上传日期,上传日期不能获知的才考虑写访问日期。涉及动态页面,访问日期对查询结果有直接影响的,应当注明访问日期。

(二)文字简省

1. 见、参见。原文引用的写"见",否则写"参见",这似乎已经约定俗成。但实际上,是原文引用还是概括引用通过正文就能辨析(原文引用带引号)。所以,在引用意图清楚的情况下,不要求写"见"或者"参见"。

2. 著。图书应当标明"编""主编""整理"等,以表明文献性质;但原创作品,即作品内容为原创并由作者(一人或多人)对作品整体负责的,姓名后的"著"字省略。

3. 文献名称中的冒号与破折号。文献标题包含副标题的,副标题之前有的用冒号,有的用破折号。个人认为,冒号占地少,版面更干净,提倡用冒号。如果主标题带问号,则不用冒号,可以加破折号(也可以不加)。在三重标题的情况下(不过不提倡),先冒号,后破折号。

4. 网络文献的上传时间和访问时间。网络文献的上传

---

[14] 最新版的 Bluebook 也不再一般性地要求注明"最后访问日期"。参见 *The Bluebook: A Uniform System of Citation* (20th ed.), 2015, Rule 18.2 "The Internet"。

时间,一般只写上传日期,不写几点几分,也不写"上传""推送"字样;网络文献需要写明访问日期的,标注哪年哪月哪日"访问"即可,不写作"最后访问日期"。

5. 规范性文件的文号。规范性文件的文号位于文件名之后,一般用逗号分隔。用逗号而不用括号,主要是考虑逗号比括号更简省,更便利输入。为行文紧凑需要,也可以用括号。

6. 省略的写法。同一文献重复出现的,再次出现时可以省略部分信息。常用典籍、官修大型典籍以及书名包含作者姓名的文集,可以省略作者名。报纸标题包含引题或者副题,内容特别冗长的,可以省略引题或者副题。引用常用典籍,不涉及内容争议的,可以省略出版信息。

(三)表述自然

1. "拙文""拙著"。引用作者自己的著作,不用"拙文""拙著"等谦称。直呼作者姓名更加自然、统一,也便利匿名评审。

2. 文献名称。文章名加书名号是规范的中文表达,用引号不是规范的中文表达。文章名加引号仿自英文文献的引注体例,但现在 Bluebook 已经不用引号了。

3. 英文文献的作者。英文文献作者的名字,名在前、姓在后,首字母大写。姓在前、名在后、中间加逗号(如"Reich, Charles A."),是列举参考文献时的通常写法,不是自然表述，不宜用于注释。华人作者的姓名，原则上尊重作者在文献中的写法。姓在前、名在后的，姓氏采用大写字母或者小型大写字母。例如，张力写作 ZHANG Li 或者 Zʜᴀɴɢ Li。名字有两个字的，两个字的拼音合写为一个单词。例如，何海波写 Hᴇ Haibo，不写 He Hai Bo。

4. 主要作者以外的其他贡献者（例如翻译者、校对者）的姓名置于书名之后，这一点也已经约定俗成了。

5. 第×页。有的文献写"页×"，也是从英文"p. ×"学来的，在中文中不够自然。

6. 允许适当变换表达方式。举个例子，前面提到文号一般在文件名之后，用逗号分隔。但如果在文章叙述中提及规范性文件的，为保持行文顺畅，可以在文件名之后括注文号。例如:《国务院关于在全国建立农村最低生活保障制度的通知》（国发〔2007〕19 号）明确要求，"2007 年在全国建立农村最低生活保障制度"。司法文书的案号也可以作类似处理。

（四）输入便利

1. 页码之间的一字线或者浪纹线，用短横线代替。所引文献涉及多个连续页码的，在页码之间有的出版社用一字线，有的用浪纹线。但一字线和浪纹线都不方便输入，用短横线更便利。

2. "参见前注"。前后相互参引，特别容易出错。所以,在作者投稿或者交稿时,不建议写参见前注。

3. 括号的用法。引用外国文献的中文译本,有的文献在作者姓名之前用六角括号〔 〕注明国籍。六角括号比较美观,但在目前的键盘中不便输入,所以建议用方括号[ ]。

4. 小型大写字母。英文学术文献曾经有使用小型大写字母的建议,但因为不方便输入、照排和阅读,最后基本上放弃。目前只有涉及华人姓氏时,可以使用小型大写字母,但也不作要求。

六、几个事项的特别说明

(一)载

在目前的实践中,引用文集和连续出版物上的文章,文章来源前通常加"载"字;引用期刊、报纸文章,文章来源前多数不加"载"字;引用互联网上的文章,尚无通行规则。由于规则不尽一致,作者比较困扰。本手册将此统一为:析出文献,包括期刊、报纸、图书和互联网上的文章,在期刊、报纸、图书、网站名称前均加"载"字。

(二)版

目前,图书的修订版、再版,多数在出版年份后写"修订版""第×版";第一次出版的,通常也在出版年份后加"版"字。讨论中大家认为,"修订版""第×版"紧随书名比较符合认知习惯。为此,引注手册把"修订版""第×版"等信息用括号置于书名之后,初版的不另标明。出版年份后是否再加"版"字,在讨论中有不同看法。有人提出,前面有"修订版""第×版"的,后面再加"版"字完全重复;前面没有"修订版""第×版"的,后面加"版"字也是冗余的。但多数参与讨论的人认为,出版年份后加"版"字已成惯例,不宜更改。本手册姑且维持通常做法。

(三)纸质出版文献的页码

现在文章大都比较长,图书就更不必说了,不标明页码不好查找。为此,引注手册原则上要求,引用期刊文章、图书等纸质文献应当标明页码。但有两种情形例外:一是整体引用图书、文章,可以不标页码;二是如果有其他更加直白的标示方法,可以用其他方法,例如标注图书的某一章。标示页码的主要目的是便于读者查找,对查找文献没有意义的信息无须标示。同时,在可能的情况下,也需要考虑减轻作者和编者的负担。一旦要求标示页码,作者和编者就不得不花时间去查核。

(四)法律条文序数用阿拉伯数字

法律条文的序数,官方文件多用汉字,项带括号,目用阿拉伯数字。法律条文序数用汉字,庄重有余,简洁不足。特别是在连续引用法律条文的情况下,动辄上百条的条文序数显得过于冗繁。而且,又是汉字又是括号又是阿拉伯数字,处理起来也有些复杂。学术文章的文字表达以简洁为美。实践中,条文序数写成阿拉伯数字也是广为接受的。为此,引注手册努力兼顾不同需求:为行文简洁,允许条文序数改用阿拉伯数字;原文引用的,原则上从原文,即条、款、项序数用汉字,目用阿拉伯数字;引用法律文件标题的,在任何情况下都不改成阿拉伯数字。

(五)英文文献的引注体例

英文文献的引注体例非常复杂。英国法律界有通用的《牛津手册》(OSCOLA),比较好办。美国的,我们原先打算参考《引注蓝皮书》(Bluebook)。但我们发现,最新一版的 Bluebook (20th ed., 2015)与以往相比改动较大。最大的改动在于,报纸、杂志、图书名称采用小型大写字母。所谓"小型大写字母",就是全部字母大写,但每个单词首字母字形大一些,后面字母字形小一点。[15] 使用小型大写字母比全部大写美观,作为报纸、杂志、图书名称也好识别。但是,中国作者对小型大写字母普遍比较陌生,中文照排系统目前也

---

[15] 试举几例:

① Charles A. Reich, *The New Property*, 73 YALE LAW JOURNAL 733 (1964).

② Louis D. Brandeis, *What Publicity Can Do*, HARPER'S WEEKLY, 20 December 1913, at 10.

③ William P. Alford, TO STEAL A BOOK IS AN ELEGANT OFFENSE: INTELLECTUAL PROPERTY LAW IN CHINESE CIVILIZATION, Stanford University Press, 1995, at 98.

没有相应的软件处理小型大写字母,多数读者阅读英文大写字母还有障碍。此外,美国期刊卷次和页码的标注方式与我们的阅读习惯也有距离。为此,我们放弃追随 Bluebook 的想法,在中文期刊和图书常见的英文文献引注体例的基础上加以调整和统一。

引用英文学术文献,我们采用的方式是:(1)作为直接引用对象的文献,不管是文章名还是图书名,都采用实词首字母大写,斜体;期刊名、报纸名和文献来源的图书名,实词首字母大写,不用斜体。(2)为便于中国读者理解,报纸名、杂志名不用缩写(如 Am. J. Comp. L.),期刊的出版信息可以选择使用期刊名后跟期刊卷数、页码和年份的方式。(3)为避免混淆,对华人学者姓名的写法作特殊规定,即姓在前、名在后的,姓氏采用大写字母或者小型大写字母。

(六)本引注手册的名称

引注手册讨论稿曾经使用"法学著作引注体例"的名称,后改为"法学引注手册"。改名的主要原因是:讨论中,大家对于"著作"一词有不同理解,又没有更好的词可以概括期刊论文、学位论文、图书等不同形式的学术作品,决定舍弃"著作"二字,而直接说"法学引注"。"法学引注"比较简略,使用有先例,读者也不难理解。例如,罗伟教授在介绍《芝加哥手册》时,就使用了这个说法;我国台湾地区也曾有《华文法学引注格式统一》的报告。[16] 改"体例"为"手册",主要是"手册"一词更加明了,也更加符合我们对它功能的期待。我们希望为作者和编者提供一个简便实用的引注指南,努力做到"一册在手,引注不愁"。我们也希望在多家法学期刊、出版社和数据库联合行动的基础上,形成一套符合当代中国法学研究需要的规范统一的引注体例。

(七)关于引注手册的完善

我们欢迎法律界同仁今后就法学引注中的问题继续商讨。关于《法学引注手册》的任何修改意见,可以发到引注手册编写组邮箱 faxueyinzhu@163.com。在手册使用一段时间后,制定单位将在广泛听取各方意见的基础上,予以修改完善。您的每一条意见都会被考虑。

---

[16] 参见罗伟:《美、英、日、韩法律引注体系简介及统一中国法律引注体系的几点建议》,载《法律文献信息与研究》2006年第4期,第40、45页。

《法学引注手册》修订说明

何海波

一、修订缘起和过程

《法学引注手册》于2020年出版后,受到广泛欢迎。截至2023年年底,有40多家法学刊物和多家出版社声明采用该手册,或者参考该手册重新发布引注格式。同时,我们也陆续收到对这份手册的意见,有支持鼓励的,也有针对具体内容提出建议的。[1]

经商中国法学会法学期刊研究会常务副会长黄文艺教授和北京大学出版社学科副总编蒋浩,我们成立了一个修订小组。修订小组由清华大学何海波教授牵头,成员包括

---

[1] 参见王健:《寻找法学引注体例的最大公约数:评〈法学引注手册〉(2020版)》,载微信公众号"燕大元照"2020年8月12日;罗银科:《〈法学引注手册〉示例的若干问题和修改建议》,载《四川师范大学学报(社会科学版)》2022年第3期;李海玲:《〈法学引注手册〉的时代价值、实践考察与发展路向》,载《渤海大学学报(哲学社会科学版)》2025年第2期。

《中国法学》副编审任彦、《清华法学》编审徐雨衡、法律出版社编校部主任班运华、北京大学出版社编辑王建君、上海交通大学博士生(现为上海财经大学法学院讲师)李德旺等。修订小组成员于2024年2月2日、6月16日在清华大学两次举行会议,并进行了多次线上线下沟通。

在第一次会议后,修订小组决定增加意大利文和俄文的引注体例。我们约请中央财经大学殷秋实副教授拟出意大利文引注体例,约请北京大学薛军教授、中国政法大学罗智敏教授、清华大学汪洋副教授审阅;约请中国社会科学院大学唐林垚副教授拟出俄文引注体例,约请郑州大学王圭宇副教授审阅。我们注意到《燕大法学教室》2023年第10期刊发的"外文法学文献引注规范"专题,对其亦有所参考。为协调不同语种的外文引注体例,我们创建了由多个语种专家参与的微信工作群。巴黎第一大学的博士生洪望对法文引注体例作了全面增订,替换了部分引注示例;德国萨尔大学的博士生吴逸飞对德文引注体例作了增订,清华大学的王钢副教授、中南财经政法大学的李昊教授和中国政法大学的张焕然讲师提出许多建议;北京航空航天大学的王天华教授对日文引注体例再次作了审校。

在前述工作的基础上,修订小组拟出了修订稿,于2024年10月16日向参与起草的单位征求意见。《当代法学》《法学杂志》《东方法学》编辑部分别提出多条意见;《法学研究》

的陈甦主编建议规范会议报告等官方文件的引注方式;《中国应用法学》的杨奕编辑建议增加案例当事人的隐名规则;《中国法律评论》的执行主编袁方建议,引用微信公众号上的文章不标注网页链接。修订小组根据各方意见修改后,于11月17日提交中国法学会法学期刊研究会年会审议。之后,修订小组又根据各方意见,反复修改并定稿。

修订过程中,我们还有幸听到多方面的意见,并在一些具体问题上得到相关领域专家的指点。《四川师范大学学报(社会科学版)》的罗银科编审在文章中对初版引注手册提出详细的意见,在修订过程中,罗银科编审和唐普主编又作了细致审校,我们受益良多。山东政法学院的王岩云副教授就引注手册用语的规范和统一等问题,提出了15页纸的详细意见;天津大学法学院的博士生秦月岩也整理并提出多条意见。清华大学杨国华教授就WTO案例的引注提了建议,清华大学苏亦工教授和中国人民大学尤陈俊教授指正了中文典籍的引注方式。香港大学研究生张立维、澳门大学博士后研究员卢震豪等分别就香港和澳门法律文件的援引提供了帮助,香港大学陈弘毅教授和澳门大学赵国强教授分别就香港和澳门法律文件的援引方式作了审阅。北京第二外国语学院罗结珍教授对法文引注体例提了意见,司法部一级巡视员张越对英文引注体例提了意见。编写组对各位的帮助致以衷心的感谢!

二、修订指导思想

这次修订的指导思想是,强调学术的规范性,坚持中文的主体性,保持手册的实用性。

(一)强调学术的规范性

与国外同行的引注体例相比,手册不仅仅是对引注格式的规范,它在很大程度上也是学术写作规范。针对"什么地方需要引用""引用什么文献""如何标注文献信息"这三个基本问题,手册开篇阐明了法学引注的三条原则:一是使用引注应当必要和适度;二是文献来源应当真实、相关、权威;三是引注信息应当准确、完整、简洁。

所谓"使用引注应当必要和适度",包含两个方面。一方面,要求该注的地方应当有注,以尊重前人智力成果、方便读者查核验证资料。另一方面,要求保持正文流畅,避免过度引注。特别是,节制使用原文引用,尽量避免一句多注或者连续一句一注。

所谓"文献来源应当真实、相关、权威",分别是:(1)确保引用文献的真实性,不得引用未经查核的文献,不得曲解他人观点。(2)所引文献应当与论证相关,优先引用与论证关系最密切的文献;反对只看作者、标题、刊物,随意引用。(3)同一内容有多个文献来源的,应当选择权威文献。即纸质出版文献优先于网络电子文献,最初刊发的文献优先于转载文献,外文或者古籍的原初文献优先于二手文献。

所谓"引注信息应当准确、完整、简洁",分别是:(1)已出版文献的引注信息,原则上从原文原著。(2)引用文献信息应当包含被引文献的基本要素,尽量方便读者查核。(3)引注信息的编排尽可能简洁、流畅。

为促进学术写作的规范性,手册还针对常见问题作了提示。对于论文标题、摘要、关键词、作者介绍、项目说明、作者致谢、参考文献的使用,作了简单说明;指出常见的标点符号误用情形,强调标点符号的规范使用。

(二)坚持中文的主体性

手册供中文学术写作使用,引注规范坚持中文的主体性。

一是在借鉴外文引注体例的同时,遵循中文的语法规则和表述习惯。例如,文章标题使用引号,曾经是英文法学引注的流行做法,但这不符合中文标点符号使用规范。手册要求,中文文献的标题一律使用书名号。又如,外文标示页码,多将页码符号前置,如 p. 12,但中文的表述习惯是"第 12 页",而不是"页 12"。手册要求,中文文献采用"第 12 页"的表述方式。

二是在文字表述上,坚持中文为主。相关外文文献有中文译本的,原则上引用中文译本,或者在引用外文文献时提示中文译本。引用外文文献时,可以对文献作必要的翻译、说明。正文中提及的外国人名、地名和重要术语,读者不熟悉或者容易误解的,第一次出现时,可以在正文中夹注外文;但夹注外文不宜太多、篇幅不宜太长,以免妨碍中文阅读。

三是在外文文献的引注体例上,在尊重不同语种之间差异的同时,也作了一些统一。例如,不要求标示出版社所在城市,一般不要求标示网络文献的访问日期。这是为了引注信息简洁。又如,外文报刊、外文法规的名称一般写全称,慎用简称;外文文献的作者要求从原文,一般不用略称。这是考虑中国读者的知识结构,尽量方便读者理解。

(三)保持手册的实用性

一是繁简适中。手册在编写过程中,一直有两种相反的意见:一种希望"简单一些",一两页纸足矣;另一种希望"详细一些",碰到的问题都有答案。我们认为,实践中确实有各种问题需要回答,过分简单无法满足需要,起不到手册应有的作用。但手册篇幅太大也会带来查阅的困难,而且许多问题未必有一个好的方案,规矩太多容易限制作者和编者的自主性。据此,我们的方针是"繁简适中"。在修订时,我们有意识地控制手册的篇幅,不增加太多内容。

二是方便查阅。手册正文的编排方式,以条为主、以章节做区隔。这种编排方式借鉴了我国的立法体例,相对符合中国读者的认知习惯。此外,手册前有示例,便于读者快速掌握要点;后有说明,可供读者参详编写思路。手册用双色印刷,所举引注示例用不同字体和颜色区别,易于读者辨识。

三是保持稳定。手册努力"寻找法学引注体例的最大公约数"(王健教授语),受到较为广泛的认可。在修订时,我们尽量保持稳定,在引注体例上不作大的调整。一些规则已经广为接受,如翻译作品的译者置于书名之后,法律条文序数用阿拉伯数字,英文文章和图书名称实词首字母大写并用斜体,我们坚持。一些做法仍有争议,可以继续讨论,我们暂且沿用。例如,作者与文献名称之间的冒号、图书出版信息(出版社和出版年份)之后的"版"字、析出文献来源前的"载"字,略显多余,但多数编辑和作者已经习惯,我们不作改动。

目前,有越来越多的中国学术机构主办英文刊物,其引注体例也需要规范和统一。我们想过增加英文刊物的引注体例,但考虑到英文刊物的多样性和本手册的实际用途,最后放弃了这一想法。

三、主要修订内容

经过修订,手册条文从原有的 101 条,扩展到 150 条。

主要修订之处如下:

(一)引注一般规范的修订

第一部分"引注的一般规范",增加了原文引用与概括引用的区分(第5条),明确了引用编辑作品部分内容时如何确定被引文献(第9条),增加了法律文件和官方报告的略写方式(第13条),合并了文中夹注古籍、外文、页码等特殊的引用方式(第14条)。

需要说明的是,在第二版中,引注符号的位置作了调整。对句中部分内容的引用,原来要求引注符号置于"该部分之后、标点之前";修订后,引注符号要求置于"该部分内容标点之后"。对句中字词的直接引用,引注符号置于该字词之后、其他文字或者标点之前,这一点没有改变。(第7条)

(二)中文引注体例部分的修改

中文引注体例中,细化了规范性文件的引用规范(第72-76条),增加了会议报告(第79条)、白皮书(第80条)、港澳法律(第81、82条)、联合国文件(第86条)等官方文件的引用方式,以及案例当事人的隐名处理规则(第88条)。

中文引注体例有几处作了调整:

一是纸质出版文献的著录信息维持"以版权页(论文首页)为准"的原则,但特殊情况下允许例外。例如,版权页上的信息不准确或者明显不符合引注习惯,可以按实际情况

和引注习惯标注。(第 26 条)

二是引用规范性文件时,文件名与文号之间可以用逗号分隔,也可以用圆括号括注文号。叙述中提及规范性文件具体内容的,为使行文紧凑,在文件名之后括注文号,不用逗号分隔。(第 74 条)

三是引用裁判文书时,格式统一为"审判法院名称+案号+文书类型",如北京市海淀区人民法院(1998)海行初字第 142 号行政判决书,而不再用"北京市海淀区人民法院行政判决书,(1998)海行初字第 142 号"的表述。(第 89 条)

四是引用微信公众号上的文章,不再要求标注网页链接。(第 56 条)

(三) 外文引注体例部分的修改

外文引注体例部分增加较多。最大的变化是,增加了意大利文和俄文的引注体例。此外,增写了外文引注体例的一般规范,增加了英国法律、欧盟法律和联合国文件的引用规范。

第二版还对不同语种的引注体例作了协调。我们注意到,不同语种的引注体例差异很大,同一国家内部往往也不存在统一体例。而且,外文引注体例未必适合面向中国读者的中文刊物和图书,不宜照搬。为此,第二版在尊重各个语种引注习惯的前提下作了一些调整,争取大体统一。例如,作者名、文献名、期刊名第一次出现时,原则上写全名,再次引用时可以简化(详见各语种再次引用同一文献)。又如,图书的出版信息要求写明出版社,不写出版社所在城市。我们希望,这样的处理便于作者写作,也便于编辑校对和读者查阅。

(四)编排方式的改进

手册在沿用初版基本结构和编排方式的基础上,作了几点改进:

一是把示例置于手册最前面,开门见山。示例的各个部分,同时标注正文序号,便于读者快速找到对应的正文。

二是对手册的条目,包括条目名称和顺序,作了较多调整。中文法律文件和英文文献的条目重新归纳后,增加了小节和标题。

三是手册所举引注示例自身带有注释的,注释紧随示例,不放在页面底端。这样可以更好地区分引注示例自带的注释和手册编者所加的注释。

四是个别条目增加了图片,用以说明文字难以表述的意思。(第37、38、75条)

除此之外,文字性的修改较多,一些引注示例也作了替换。这些修改主要是为了表述更精准、更明白、更统一,不一一举例。

需要说明的是,手册在使用引注示例的时候,尽量使用真实文献、原创示例,保持原文原貌,但仍有少数示例属于虚构示例或者借用了现成示例,个别地方为照顾阅读还对原文作了改写。手册使用示例原则上"用新不用旧",但考虑到法学文献不断推陈出新,法学引注有时也需要"用旧",手册没有一律用最新文献作为示例。手册使用的引注示例尽可能覆盖不同法学部门,但囿于编者学识,还不够均衡。

  引注体例永远没有完美,只有更加完美。欢迎学界同仁继续通过各种方式对手册提出修改意见。书面意见可以发到编写组邮箱 faxueyinzhu@163.com。

图书在版编目(CIP)数据

法学引注手册 / 法学引注手册编写组编. -- 2版. -- 北京：北京大学出版社, 2025.9. -- ISBN 978-7-301-36455-0

Ⅰ. D90-62

中国国家版本馆CIP数据核字第2025TM4331号

书　　名	法学引注手册（第二版） FAXUE YINZHU SHOUCE（DI-ER BAN）
著作责任者	法学引注手册编写组　编
责任编辑	王建君
标准书号	ISBN 978-7-301-36455-0
出版发行	北京大学出版社
地　　址	北京市海淀区成府路205号　100871
网　　址	http://www.pup.cn　http://www.yandayuanzhao.com
电子邮箱	编辑部 yandayuanzhao@pup.cn　总编室 zpup@pup.cn
新浪微博	@北京大学出版社　@北大出版社燕大元照法律图书
电　　话	邮购部 010-62752015　发行部 010-62750672 编辑部 010-62117788
印　刷　者	北京宏伟双华印刷有限公司
经　销　者	新华书店
	880毫米×1230毫米　A5　5.5印张　106千字 2020年5月第1版 2025年9月第2版　2025年11月第3次印刷
定　　价	39.00元

未经许可，不得以任何方式复制或抄袭本书之部分或全部内容。
版权所有，侵权必究
举报电话: 010-62752024　电子邮箱: fd@pup.cn
图书如有印装质量问题，请与出版部联系，电话: 010-62756370